Die wirtschaftliche und technische Entwicklung der Seeschiffahrt

von der Mitte des 19. Jahrhunderts bis auf die Gegenwart.

Von

E. Fitger.

Mit einer Vorbemerkung von Professor Dr. E. Francke.

Leipzig,
Verlag von Duncker & Humblot.
1902.

Vorbemerkung
zu der Untersuchung über die Lage der in der Seeschiffahrt beschäftigten Arbeiter.

Die deutsche Seeschiffahrt hat in den letzten Jahrzehnten eine Entwicklung von außerordentlicher Bedeutung durchgemacht. Die Umwälzung im Verkehr und die Fortschritte im Schiffsbau haben dazu ebenso beigetragen wie die Konzentration des Betriebes und die Anhäufung von Kapitalien in der Reederei. Das Dampfschiff hat das Segelschiff zurückgedrängt, an Stelle des Holzes als Baumaterial sind Eisen und Stahl getreten, die Zahl der Schiffe ist gesunken, ihre Größe aber, Tragfähigkeit und Schnelligkeit enorm gewachsen, demgemäß auch die Zahl der Reisen, die Länge der durchmessenen Strecken, die Zahl der beförderten Passagiere und die Massen der Frachtgüter. Von dem Binnenmeere der Ostsee ist der Schwerpunkt nach der Nordsee, dem Zugang zum Weltverkehr, verlegt. Hier liegen Hamburg und Bremen, in denen zwar nur ein Drittel unserer Seeschiffe, aber vier Fünftel des gesamten Tonnengehalts unserer Handelsflotte beheimatet sind. Und jeder dieser beiden Häfen hat durch große Aktiengesellschaften unter genialer Leitung Flotten geschaffen, die in jeder Hinsicht den ersten Rang unter allen Handelsmarinen der Welt einnehmen.

Für den Socialpolitiker mußte sich angesichts dieser Entwicklung, bei dem Mangel an wissenschaftlichen Arbeiten auf diesem Gebiet die Frage aufwerfen: Wie haben diese Veränderungen auf die Zusammensetzung, die Lebensbedingungen, die Arbeitsverhältnisse der Schiffsbesatzung gewirkt? Wie sind ihre Rechtsverhältnisse geordnet? Wie ist gegenwärtig ihre gesamte Lage? Der Antwort hierauf ist die wissenschaftliche Untersuchung gewidmet, die der Verein für Socialpolitik in seiner Ausschußsitzung vom 6. Januar 1901 zu Berlin auf Antrag von Otto Wittelshöfer-Wien anzustellen beschlossen hat. Zur Vorbereitung dieser Enquete wurde ein Unterausschuß gewählt, in den eintraten: Chefredakteur Fitger-Bremen, Dr. Francke-Berlin, Dr. Heckscher-Hamburg, Dr. von Philippovich-Wien (an Stelle des uns durch den Tod entrissenen Wittelshöfer), Dr. Sombart-Breslau, Dr. Toennies-Altona (jetzt Eutin); mit der Leitung der Arbeiten wurde der Unterzeichnete betraut. Dieser Unterausschuß trat am 24. März 1901 in Hamburg zu einer Sitzung zusammen, der auch der Vorsitzende des Vereins für Socialpolitik, Dr. Schmoller-Berlin, beiwohnte. Der hier entworfene Arbeitsplan fand dann die Genehmigung des Hauptausschusses in der bei der Generalversammlung des Vereins am 22. Sept. 1901 in München abgehaltenen Sitzung; einige Änderungen wurden dann noch in einer Ausschußsitzung vom 22. Dezember 1901 in Berlin beschlossen. Das Programm der Untersuchung ist nunmehr folgendes:

Als allgemeine Einleitung sollen der „Enquete über die Lage der in der Seeschiffahrt beschäftigten Arbeiter" drei Abhandlungen vorausgeschickt werden, von denen die eine die wirtschaftliche und technische Entwicklung der Seeschiffahrt von der Mitte des vorigen Jahrhunderts bis auf die Gegenwart (Chefredakteur Fitger-Bremen), die zweite die historisch-rechtliche Gestaltung des Arbeitsverhältnisses bis zum Jahr 1860, bis zur Einführung des deutschen Handelsgesetzbuchs (Dr. Pappenheim-Kiel) und die dritte die Darstellung der gegenwärtigen Rechtsordnung des Arbeitsvertrages (Dr. Francke-Berlin) schildern wird. Für die Untersuchung selbst ist das deutsche Gebiet in einzelne Abteilungen geschieden worden, die von Westen nach Osten sind: 1. Emshäfen (Navigationslehrer Spillmann-Papenburg); 2. Bremen und andere Weserhäfen (Dr. Böhmert, Direktor des Statist. Amts in Bremen); 3. Hamburg und Nachbarhäfen (Dr. Heckscher-Hamburg); 4. Ostseehäfen in Schleswig-Holstein mit Lübeck (Dr. Toennies-Eutin); 5. mecklenburgische Häfen (Syndikus Dr. Rasmus-Rostock); 6. Stettin und Nachbarhäfen (Syndikus Dr. Meister-Stettin); 7. West- und ostpreuß. Häfen (Referent noch nicht bestimmt). Außerdem hoffen wir durch die freundliche Vermittlung des Deutschen Seefischereivereins eine Arbeit über die Verhältnisse der in der Seefischerei thätigen Arbeiter zu bekommen. Um jedoch für die Beurteilung der Lage der deutschen Seeleute den richtigen Maßstab zu erhalten, sollen auch die Verhältnisse in den Hauptschiffahrtsländern des Auslandes berücksichtigt werden. Für Großbritannien hat sich Herr Henry W. Macrosty-London, für Frankreich Herr Léon de Seilhac vom Musée Social in Paris, für Norwegen die Herren N. Rygg und A. Th. Kiaer, Sekretäre vom Statistischen Centralbureau in Christiania, bereit erklärt; für die Vereinigten Staaten von Amerika sind die Verhandlungen noch nicht abgeschlossen. Endlich wird für Österreich, vielleicht auch mit

Hinzunahme Ungarns, auf Anregung Dr. v. Dorn's-Wien, eine eigene größere Abhandlung geliefert werden, bei der namentlich verschiedene Herren der Seebehörde in Triest thätig sind.

Um eine einheitliche Ordnung der Untersuchung und eine gewisse Übereinstimmung — schon wegen der Vergleichbarkeit der einzelnen Arbeiten — zu ermöglichen, wurde den Herren Mitarbeitern auf Wunsch des Unterausschusses ein Fragebogen übergeben, für dessen Abfassung wir Herrn Dr. Toennies zu großem Danke verpflichtet sind. Diese Anleitung giebt einen erschöpfenden Einblick in die Art, wie die Enquete geplant ist, und möge darum nachstehend im Wortlaut folgen:

A. Es ist zunächst eine Nachricht über den Stand und die neuere Entwicklung der Seeschiffahrt in den einzelnen Häfen erwünscht; es wird also um Daten sich handeln, betreffend a) Zahl und Art der Reedereien (Einzel-, Gesellschafts-), Aktienkapital — Segelschiffahrt und Dampfschiffahrt; Arten der Fahrt — Größe und Ausrüstung der Schiffe — technische Neuerungen; b) Rentabilität der Reedereien — möglichst nach 10jährigem Durchschnitt — mit Berücksichtigung der Abschreibungsmethoden. — Hieran werden folgende Fragen in betreff der seemännischen Arbeiter sich anknüpfen:

Wie groß ist die Zahl (genaue oder annähernde) der in den Jahren 1901 und 1902 im Hafen X an- bezw. abgemusterten

1. Matrosen (einschl. Leichtmatrosen und Jungen),
2. Heizer,
3. Kohlenzieher („Trimmer“),
4. Stewards und anderes Bedienungspersonal,
5. Schiffsköche und anderes Küchenpersonal,
6. andere Personen im Range der Gemeinen (Arbeiter)?

Besonders sind immer (für Dampfschiffe) die beiden großen Hauptgruppen ins Auge zu fassen: 1. Deck-, 2. Maschinenpersonal.

B. Welche Heuern resp. Gagen wurden diesen Kategorien bewilligt? — Welche Unterschiede waren dabei bemerkbar? nach a) großer Fahrt, b) kleiner Fahrt, c) Küstenfahrt, d) Seefischerei? — Welche Unterschiede zwischen Segel- und Dampfschiffen, Schnelldampfern, Fracht- und Postdampfern? — Wie verteilen sich die Anmusterungen der Zahl nach auf die Arten der Fahrt und auf die Arten der Schiffe?

Bestehen Unterschiede in Bezug auf die Heuersätze zwischen den einzelnen Reedereien? Zwischen großen Aktiengesellschaften und kleinen Reedereien? Finden Vereinbarungen zwischen Reedereien in Bezug auf Lohnhöhe statt? — Werden irgendwo Kleider (Uniformen) geliefert? Wo es geschieht, werden diese auf die Heuersätze angerechnet? — Bestehen Unterschiede in der Heuer, je nachdem der betr. Dienst im ersten, zweiten oder einem späteren Jahre geleistet wird? Besteht im allgemeinen Überangebot oder Mangel an Arbeitskräften? besonders an geschulten? wirkt die allgemeine Lage der Industrie und des Arbeitsmarktes darauf? wird die Tüchtigkeit nur nach der „Fahrzeit“ bemessen, oder welche anderen Kriterien gelten dafür? Werden unbefahrene Leichtmatrosen? Heizer? Kohlenzieher? Stewards? oder anderes Personal angemustert? zu welchen Heuersätzen? — Welche Vergütungen (Arbeitslöhne in Geld) werden außer und neben den Heuern gegeben? Wird Bergungslohn bewilligt? finden Anheuerungen mit Selbstbeköstigung statt? wie hoch wird diese dann gerechnet? wie hoch wird sonst der Geldwert der Kost an Bord geschätzt? — Besteht für die Dauer des Aufenthalts in Häfen sog. Landgage? von welchem Tage an gilt diese? — Oder wird Stundenlohn für Arbeit im Hafen gezahlt? Wie hoch ist dieser Stundenlohn? für die einzelnen Kategorien? — welcher Stundenlohn für Sonntagsarbeit? für Nachtarbeit? — Wie stellt sich das Jahreseinkommen (annähernd) für die einzelnen Kategorien von Seeleuten, bei billiger Berechnung der Kost (freies Logis an Bord kommt nur für Unverheiratete in Betracht und kann allgemein außer Ansatz bleiben)? — Findet regelmäßig Abmusterung der gesamten Mannschaft oder einzelner Teile (Deck- oder Maschinenpersonal) im Heimatshafen statt? oder in welchem Verhältnisse? — Findet freie Beförderung nach den Schiffen statt, auch wenn dieselben z. B. im Strom liegen? — Was gilt insbesondere über Lohnverhältnisse auf Fischereifahrzeugen und Seeschleppern? auf Vergnügungsdampfern? — Findet der Seemann in der Regel während des ganzen Jahres Beschäftigung? wie weit wirkt sein eigener Wille oder wirken die Arbeitsverhältnisse auf die Dauer seiner Nichtbeschäftigung (des Aufenthalts im Heimathafen oder sonst an Land)? geht die Tendenz auf kontinuierliche oder diskontinuierliche Beschäftigung? — Sind Tarifverträge geschlossen? werden diese gehalten, und wie haben sie sich bewährt?

C. Welche Arbeitszeit ist Regel a) auf der See („Wachensystem"), b) an Land? Wird für Überstunden bezahlt? wie viel? Überstunden auf See? im Hafen? — Bestehen in dieser Hinsicht Unterschiede — nach Fahrt — Arten der Schiffe — Reedereien u. s. w. (wie oben)? Welche Art der Berechnung und Auszahlung des Überstundenlohnes ist üblich? welche Unterschiede bestehen in dieser Beziehung? — Was wird unter „dringender bezw. Not-Arbeit" verstanden? auf See? im Hafen? was ist „dringende Sonntagsarbeit"? — Wie ist im allgemeinen der Wachdienst geregelt? Findet ein Unterschied statt zwischen der Einteilung des Tages von 24 Stunden in Wachen für Zwecke der Journalführung und dem wirklichen praktischen Wachdienst? Welche Unterschiede nach Fahrt? nach Art der Schiffe? nach Reedereien? — Welche ununterbrochenen Ruhepausen sind festgesetzt? werden diese eingehalten? Welche Zeiten werden für Mahlzeiten angesetzt? Wird Wache um Wache gegangen? wird bei schlechtem Wetter erlaubt, unter Deck zu gehen? Finden in Häfen, besonders in auswärtigen, Nachtwachen statt? Befreit die Nachtwache von der Arbeit am Tage? Wird Wachegehen als Überstunden gerechnet? (Bei diesen Fragen sind auch die Offiziere zu berücksichtigen, die in erster Linie als Wachhabende in Betracht kommen.) Wird das Wachsystem durch „Tagelöhnerei" durchbrochen? Hat dies Überanstrengung zur Folge? Gefahren für Schiff und Ladung? — Findet Entschädigung für Mehrarbeit bei Verringerung der Besatzung durch Desertion oder Erkrankung statt? Wird die Mannschaft auch zum Stauen und Löschen angestellt? zum Verholen und Vertäuen? — Was gilt insbesondere über Arbeitszeit auf Fischereifahrzeugen und Seeschleppern? auf Vergnügungsdampfern?

D. Auf welche Art geschieht die Anheuerung? Haben die Heuerbase zugleich Gastwirtschaft? gewähren sie den Seeleuten Logis? suchen sie die Seeleute in deren Logis auf? Ist der Kapitän oder sein Vertreter bei der An- und Abmusterung zugegen? — Welche Heuergebühren werden bezahlt? Besteht eine Taxe? wird diese eingehalten? Wird Vorschuß gegeben? in welcher Höhe? in bar? oder in Form einer vom Heuerbas ausgestellten Note? Werden Naturalien — Ausrüstungsgegenstände? andere Waren? in Vorschuß gegeben? Wird die Vorschußnote in Geschäften an Zahlungs-Statt angenommen? welche Preiserhöhungen finden dabei statt?

Besteht ein allgemeines Heuerbureau? seit wann? oder (und?) besondere Heuerbureaus einzelner Reedereien? welcher? seit wann? — Wie ist die Art der Verwaltung? giebt es eine Beschwerde-Kommission? In welchem Verhältnisse tragen die Heuergebühren zur Unterhaltung des Bureaus bei? Welche Unterschiede sind in der Art der Anheuerung seit Bestehen des oder der Heuerbureaus hervorgetreten? Findet auch Anheuerung durch Umfrage direkt auf den Schiffen statt? — Unterhalten die Heuerbase oder Bureaus sogen. Runner? empfangen diese Extragebühren resp. Trinkgelder? — Findet Anheuern in Wirtschaften statt?

Auf welche Zeit geschieht die Anheuerung? welche Kündigungsfristen bestehen?

Sind Heuerbase zugleich Schlafbase? Ist dies polizeilich erlaubt? Oder in welchen Beziehungen stehen sie zu den Schlafbasen? welche Beziehungen haben Heuer- resp. Schlafbase zu anderen Schankwirten, sowie Händlern (mit Ausrüstungsgegenständen &c.)? Machen Schlafbase und Händler feste Diskontabzüge auf die Vorschußnoten? oder in welcher Form suchen sie sich schadlos zu halten resp. besonderen Gewinn zu erzielen? — Sind Heuerbase Inhaber oder Mitinhaber (offene oder stille Gesellschafter) von Geschäften mit Ausrüstungsgegenständen? — Ziehen die Heuerbase unbefahrene Leute vor? Suchen sie auf häufigen Wechsel der Schiffsbesatzung um ihres Vorteiles willen hinzuwirken? Kommt es z. B. vor, daß sie fremde Seeleute zur Desertion veranlassen? — Sind einzelne Heuerbase besonders für einzelne Reedereien thätig? in welchem Verhältnisse stehen sie zu diesen? Tragen die Reedereien einen Teil der Heuergebühren (z. B. bei zweiten Reisen)? Werden Heuern oder Überstundenlöhne durch die Heuerbase resp. Heuerbureaus ausbezahlt? Wie wirken Vorschüsse auf Gagen? — Nehmen die Heuerbase auch Unteroffiziere und Offiziere an? bestehen dabei besondere Bedingungen?

Läßt sich von seiten der Heuer- resp. Schlafbase eine besondere Behandlung der Leute, die bei ihnen verschuldet sind, beobachten und feststellen? — In welchem persönlichen Rufe stehen sonst die Heuer- und Schlafbase? ist dieser Ruf für begründet zu halten?

Wird bei Annahme von Heizern darauf gesehen, ob diese früher als Trimmer gefahren haben? — Wird sonst auf frühere Berufsthätigkeit Rücksicht genommen?

E. Was läßt sich über die Beschaffenheit der Kost an Bord der Schiffe feststellen? wiederum mit obigen Unterscheidungen? Besteht eine Speisetaxe? Wird diese eingehalten? überschritten? Wird mehr als eine warme Mahlzeit verabreicht? Wird die Zubereitung kontrolliert? geschieht eine Prüfung durch den Kapitän? Wird gegen etwaiges Verderben des Proviants Vorsorge getroffen? für Ersatz des frischen Wassers? Findet Anpassung der Kost an wärmeres Klima statt? Erhält der Kapitän ein Fixum zur Bestreitung der Verpflegung? Wie hoch wird der Aufwand für Beköstigung gerechnet pro Mann und Tag? Haben die Leute Anspruch auf Bier, Wein, Branntwein? Erhalten sie bei Verzicht darauf den Geldwert ihrer Ration entschädigt? Haben die Kapitäne Gelegenheit, an der Beköstigung zu sparen? Können Proviantmeister und Köche in dieser Beziehung den Leuten ihr Recht verkürzen? — Wird für Entbehrung infolge von Knappwerden des Proviants Vergütung gewährt?

F. Was läßt sich über Beschaffenheit der „Volks-Logis“ bezw. Schlafräume für die Mannschaft ausmachen? wiederum mit den obigen Unterscheidungen? Wie viel Kubikfuß Luftraum kommen auf den Mann? Sind hier Unterschiede in Bezug auf Deck- oder Maschinenpersonal? Wie ist für Reinlichkeit der Schlafräume gesorgt? für Desinfektion? für frischen Anstrich? Sind besondere Leute für Reinigung der Logis u. s. w. vorhanden? besondere Räume für Ablegen der schmutzigen Kleider? besondere Waschräume? ausreichende Baderäume? Klosetts? wie beschaffen? gehörig abgesondert? Ist für Bekanntmachung der Unfallverhütungsvorschriften gesorgt? ebenso für Bekanntschaft mit der Musterrolle? Werden Logis gelegentlich als Krankenstuben benutzt? dienen sie zum Durchgange nach anderen Räumen? befinden sie sich im Zwischendeck oder im Maschinenraum? in der Nähe der Heizräume? haben sie Tageslicht? gehörige Ventilation? Beleuchtung? sind sie heizbar? Befinden sich in der Nähe Farbenspinde? Lampenkammern oder Petroleumtanks? Ist Zwischenraum zwischen den Kojen? sind diese in Etagen übereinander? in mehr als zwei Etagen?

G. In welcher Weise ist für gehörige Krankenpflege an Bord gesorgt? Findet ärztliche Behandlung statt? an Bord? im Hafen? sind Medikamente an Bord? in gutem Zustande? Werden die Kranken, wenn nötig, an Land einem Hospital übergeben? Suchen sich die Reedereien, bezw. die Kapitäne als deren Vertreter, der Kostenpflicht für Verpflegung und Heilung der Kranken zu entziehen? wirken sie auf Beitritt zu freien Hilfskassen? Sind Fälle von Skorbut-Erkrankungen neuerdings bekannt geworden? andere auffallende Krankheiten, die auf unzureichende oder schlechte Verpflegung schließen lassen? Kommt es vor, daß auf Schiffen, die einen Arzt an Bord haben, der sich krank Meldende zunächst an einen Vorgesetzten, z. B. den Maschinisten, gewiesen wird, dem die vorläufige Entscheidung obliegt, ob Simulation anzunehmen sei? Sind Vorkehrungen gegen Infektionen getroffen? Findet eine besondere Behandlung der Geschlechtskranken statt? — Welche Krankheiten kommen als Todesursachen seemännischer Arbeiter in auffallender Weise vor? Ist die Sterblichkeit hoch in Anbetracht des durchschnittlichen Lebensalters? macht sich in Bezug darauf die Herkunft der Mannschaft, frühere Berufsart, Vorleben bemerklich? oder die Art und Intensität der Schiffsarbeit? — Wie steht es mit der Sicherung und dem Rettungswesen? Werden Boots-Manöver gemacht? nach welcher Regel? sind Boote in genügender Anzahl und mit genügender Ausrüstung vorhanden? Rettungsgürtel und Korkwesten in gutem Zustande?

H. Wie sind die Rechtsverhältnisse des Schiffsmanns beschaffen? Inwiefern wirken diese auf die früher benannten Gegenstände ein? In welchen Beziehungen hat sich die Unzulänglichkeit der geltenden Seemannsordnung herausgestellt? (Eventuell, wenn inzwischen eine neue Seemannsordnung gesetzliche Gültigkeit erhalten hat, wie bewährt sich diese? inwiefern hat sie auf Veränderungen des Gesamtzustandes gewirkt?) Wie geschieht die Disciplinarbestrafung? Was läßt sich über willkürliche Mißhandlungen der Leute durch ihre Vorgesetzten feststellen? Mit welchen Instrumenten werden körperliche Züchtigungen vollzogen? Wie sind die Seemannsämter beschaffen? Wie ist das Verfahren bei diesen? — Ist ein „Wasserschout“ oder anders benannter Einzelrichter erste Instanz? ist eine Berufungsinstanz vorhanden? Ist das Verfahren landesgesetzlich geregelt? Welcher Art und in welcher Höhe sind Strafen in den letzten Jahren verhängt worden?

I. Bestehen **Wohlfahrtseinrichtungen**, und wie bewähren sich diese? Versicherungen gegen Krankheit? Welche Besonderheiten haben sich bei Anwendung der Unfall-, der Invaliden- und Altersversicherung herausgestellt? Bestehen Effektenversicherungen? andere Hilfskassen? Wird von der Reederei Entschädigung für verlorene Effekten gezahlt? auch den Erben des Schiffsmanns? Giebt es Pensionsberechtigungen? wird die Pension unter Umständen entzogen? Fürsorge für Witwen und Waisen? Welche eigenen Seemannskassen haben die Reedereien? Besteht ein Beitrittszwang?

K. Was läßt sich über die **sittlichen** Zustände der Schiffsleute ermitteln? über Völlerei bezw. Trunksucht? geschlechtliche Ausschweifungen? allgemeinen Leichtsinn in Geldverwendung an Land? wie wirken darauf die Umstände des Heuer- und Schlafbaswesens? Wie wirkt die Seemanns-Mission? Wie stellen sich die Reeder zu dieser? wie die Kapitäne und Offiziere? das übrige Personal? Wie ist das Verhältnis zum Seemanns-Verbande? wie wirkt dieser in sittlicher Hinsicht? (siehe unter N.).

Ist für **Lektüre** an Bord irgendwie gesorgt? für andere Unterhaltungen? Besteht irgendwelche Geselligkeit, die Offiziere und Mannschaften verbindet? Wie ist der Umgangston durchweg? von seiten der Vorgesetzten? zwischen den Leuten selber? herrscht ein „Klassengeist" auch zwischen den einzelnen Kategorien der Mannschaft? zum Nachteil der Feuerleute? — Macht das Klassenbewußtsein, das die Lohnarbeiter verbindet, und folglich der Klassengegensatz zum Unternehmertum, Fortschritte auf Kosten des bisherigen seemännischen Standesbewußtseins und Corpsgeistes? Beginnt ein Bewußtsein gemeinsamer Interessen auch nach oben, d. h. auf Offiziere und Maschinisten, sich auszudehnen? Wie verhalten sich die Kapitäne dazu, und wie ist, beim heutigen Großbetriebe, deren und der übrigen Beamten Stellung zum Reeder bezw. zum Reedereikapital?

Wie ist das **häusliche Leben** verheirateter Schiffsleute beschaffen, der Matrosen? der Feuerleute? anderer Schiffsarbeiter? Erwerben die Frauen mit? in oder außer dem Hause? die Kinder? in oder außer dem Hause? Wie sind die **Wohnungen** beschaffen? wie hohe Wohnungsmieten werden bezahlt? von den einzelnen Chargen?

L. Was läßt sich im übrigen über die **persönlichen Verhältnisse** der in Seeschiffahrt beschäftigten Arbeiter ermitteln? Wie weit rekrutieren sich diese aus der heimischen Küstenbevölkerung? wie weit aus dem Binnenlande? aus dem Auslande? Wie weit unterscheidet sich in diesen Hinsichten die eigentliche seemännische Besatzung von dem Maschinenpersonal, den Stewards, Köchen und andern Arbeitern? Wie weit gehen diese aus andern Berufen hervor? Was weiß man über deren Vorleben? Wie verhalten sich die einzelnen Kategorien zur Kriegsmarine? Wie lange harren sie in der Handelsmarine aus? Welchen andern Berufen wenden sie sich zu? Wie weit findet noch der ehemals normale Entwicklungsgang vom Matrosen zum Steuermann und Kapitän statt? wie weit nur zum „Offizier" als dauernder Lebensstellung? Wirkt die Qualität als Reserveoffizier der Kriegsmarine auf die Beförderung? — Was läßt sich in betreff der **Desertionen** feststellen? deren Ursachen? wirken darauf die höheren Löhne, die in fremden Häfen gezahlt werden? Haben sie zur Folge, daß die Arbeitslast der Zurückbleibenden sich vermehrt? Werden sog. Übergeher in fremden Häfen angenommen? Werden farbige Heizer eingestellt? Kulis? wie wird dies gerechtfertigt? was ist von den angegebenen Gründen zu halten? — Wie weit hat sich eine Art von Beruf des unteren Maschinenpersonals (Feuerleute) ausgebildet? Was läßt sich über Ursachen der Selbstmorde des Schiffsvolkes, insbesondere der Heizer und Trimmer, feststellen? Welche Behauptungen bezw. gerichtliche Entscheidungen stehen in dieser Hinsicht einander gegenüber? Wie darf man über deren Wahrscheinlichkeit urteilen? — Bringt gerade die Desertion die Seeleute in Abhängigkeit von Heuerbasen und Schlafbasen? in auswärtigen Häfen? so daß sie von diesen Vorschüsse erhalten und von den „Geschäftsfreunden" der Heuer- und Schlafbase im Ankunftshafen gleich in Empfang genommen werden, wobei auf die Gage Beschlag gelegt wird, so daß sie sofort in neue Abhängigkeit geraten? In welchem Zusammenhange steht dies mit der Strafe für Desertion im Heimatlande?

M. Welche Veränderungen haben in allen diesen oder in den wichtigsten Beziehungen a) im Laufe des letzten Menschenalters, b) besonders im Laufe des letzten Decenniums oder Quinquenniums sich zugetragen? Wie hat die Verdrängung der Segelschiffahrt durch Dampfschiffahrt im allgemeinen, der Ersatz hölzerner durch eiserne Schiffe, wie die Ausbildung der Maschinentechnik, die Vergrößerung der Dampfschiffe auf die Besatzung gewirkt? wie auf das Verhältnis der einzelnen Chargen zu einander, auf die Disciplin, auf die Berufsfreudigkeit? auf das Verhältnis des seemännischen Berufes zur ungelernten Arbeit? zu landwirtschaftlicher oder anderer Berufsthätigkeit, die etwa bisher (oder noch) mit dem Berufe des Seemanns sich vereinigen ließ? wie auf die Arbeitslast und Arbeitsdauer? u. s. w. Hat in dieser Hinsicht, z. B. auch für das Domizil der Seeleute, der Übergang vom Saisonbetrieb der Segler zum kontinuierlichen der Dampfer bedeutende Veränderungen hervorgerufen? Haben Lohnbewegungen und Ausstände darauf gewirkt? welche? Wie weit haben die neuen Verhältnisse der Dampfschiffahrt auf die Segelschiffahrt zurückgewirkt? in welchem Sinne? Wie weit haben auch Segelschiffe maschinelle Einrichtungen getroffen? Wie verhält man sich zu alten und seeuntüchtigen Schiffen? Sind Fälle von Überstauung bekannt geworden oder konstatierbar? Wie denkt man über die Tiefladelinie und deren gesetzliche Bestimmung? Giebt es Schiffsjungen-Schulschiffe? Erfüllen sie ihren Zweck? nach Meinung der Kapitäne und Offiziere? der Leute selber? Wird die Ausbildung des Deckpersonals auf Segelschiffen noch für notwendig gehalten? Kann die Arbeit der Matrosen auf Dampfschiffen durch ungelernte Arbeiter gethan werden? Nähert sich der Dienst der unteren Offiziere (z. B. dritten Steuerleute) dem Dienst der Matrosen? derjenige der Maschinisten-Assistenten dem der Feuerleute? Läßt sich überhaupt beobachten, daß gelernte durch ungelernte Arbeit verdrängt wird? speciell in der Maschinenarbeit? aus welchen Ursachen? Ist Mangel an tüchtigen gelernten Seeleuten vorhanden? — Wie verhält sich die Stärke der Bemannung zur Größe, Bauart (eiserne oder Holzschiffe), Technik des Betriebes? Wieviel Reg.-Tons kommen auf den Mann? welche Veränderung läßt sich in dieser Hinsicht beobachten? Sind Versuche mit Ölfeuerung gemacht worden? Welche Wirkungen hat deren Einführung auf die Arbeitsverhältnisse?

N. Besteht eine „Organisation" von Seeleuten in den Häfen? seit wann? wie stark? Ist sie dem „Seemanns-Verband in Deutschland" angegliedert? Wie hat sie sich entwickelt? Fluktuiert die Mitgliedschaft stark? Wer sind die Führer? wie verhalten sie sich zur politischen Arbeiterbewegung? Wird die Zeitschrift „Der Seemann" gehalten? auch außerhalb des Vereins gelesen? Wie verhalten sich die

Reeder zu der Organisation? wie die Kapitäne und Offiziere? die Maschinisten? wie die außerhalb stehenden (nicht organisierten) Arbeiter? Welche Wirkungen und Erfolge hat die Organisation gehabt? Welche allgemeinen und lokalen Beschwerden, Wünsche und Forderungen werden geltend gemacht? Lassen sich die im „Seemann" vom Hafen X aus gegebenen Berichte über Zustände an Bord und an Land kontrollieren? verifizieren? Was ist aus Gerichtsverhandlungen zu deren Bestätigung oder Widerlegung bekannt geworden? Wie verhält sich der Verband (oder sonstige Vereine) zur Frage des Streikes? Wie zum Gewerkschaftskartell? Welche Streiks von Seeleuten und Schiffsarbeitern haben in den letzten fünf Jahren stattgefunden? wie verliefen diese? welchen Erfolg hatten sie? Fand Unterstützung von auswärts her statt? vom Auslande? Wie stellten sich die Schiffsoffiziere dazu? wie die Reeder? wie die öffentliche Meinung? — Was läßt sich über die sittlichen Wirkungen der Organisation — auf Disciplin im Dienste, Lebenswandel außer Dienst — beobachten, oder vermuten?

Beabsichtigt ist, die sämtlichen Arbeiten im Laufe der nächsten anderthalb Jahre, also bis Mitte des Jahres 1903, erscheinen zu lassen, damit die Ergebnisse der ganzen Untersuchung dann auf der Generalversammlung des Vereins für Socialpolitik im Herbst 1903 besprochen werden können. Hoffentlich läßt sich dieser Arbeitsplan einhalten. Den Beginn der Veröffentlichung macht die nachfolgende Abhandlung des Herrn Chefredakteurs E. Fitger-Bremen, in der die wirtschaftliche und technische Entwicklung der Seeschiffahrt seit der Mitte des 19. Jahrhunderts behandelt wird.

Berlin, 26. Januar 1902.

E. Francke.

Die

wirtschaftliche und technische Entwicklung der Seeschiffahrt.

Von

E. Fitger, Bremen.

Inhaltsverzeichnis.

Erstes Kapitel.

Die politischen und wirtschaftlichen Vorbedingungen für den Aufschwung.

Zweites Kapitel.

Die Umgestaltung des Schiffes, des Schiffsbauwesens, der Hafeneinrichtungen und der Wasserstraßen (für Seeschiffe).

Drittes Kapitel.

Der Schiffsbau, die Handelsflotten, der Seeverkehr in ihrem äußeren Umfange.

Viertes Kapitel.

Das persönliche Element in der Reederei; Unternehmer und Lohnempfänger.

Diese knappe Skizze darf in keiner Weise den Anspruch erheben, das große Thema der Entwicklung der deutschen Seeschiffahrt vollständig und gründlich zu behandeln. Schon der enge Raum macht sich fühlbar, noch mehr die ungenügende Detailkenntnis des Verfassers auf dem Gebiete des Schiffsbaus, das eingehender Bearbeitung durch einen Fachmann bedürfte. Die Arbeit ist nicht Selbstzweck, sondern Mittel zum Zweck. Sie soll der vom Verein für Socialpolitik unternommenen Erhebung über die Lage der in der Seeschiffahrt beschäftigten Arbeiter dienen. Sie soll eine Aufgabe vorweg nehmen, die sich sonst jeder der an der Enquete beteiligten Herren gestellt hätte, nämlich die Veränderung des Rahmens zu schildern, in welchem sich die materiellen Verhältnisse der genannten Volksklasse abwickeln. Also die wichtigsten Veränderungen des Schiffes, des Verkehrs, der Betriebs- und Eigentumsverhältnisse, der Rekrutierung der Schiffsmannschaft, der Arbeitsverfassung und der für alle diese Dinge maßgebenden politischen und wirtschaftlichen Vorbedingungen.

Erstes Kapitel.

Die politischen und wirtschaftlichen Vorbedingungen für den Aufschwung.

Nachteiliger als die napoleonische Epoche konnte kaum irgend eine Zeit auf denjenigen Zweig menschlicher Betriebsamkeit einwirken, der nach des Pompejus Ausspruch notwendiger als das Leben ist. In unaufhörlichem Ringen verzehrten sich die Kräfte der Völker. Staaten brachen zusammen, womit die ihnen gebührende Pflege der Wohlfahrt, der Produktion, des Verkehrs zeitweilig erlosch. Das Vertrauen zu weitausgreifenden wirtschaftlichen Unternehmungen keimte nicht einmal. Denn wo wären die Kräfte gewesen, wo die Bürgschaft für den Frieden? Statt ihrer sah man Kriegsnot, verwüstete Felder, zerstörte Städte; die Mannschaften durch Kriegsdienst absorbiert, ebenso die Steuerkraft des Volkes. Zur See litten die Neutralen neben den Kriegführenden, denn die Seerechtsverhältnisse waren noch ganz ungeregelt. Die Engländer mißbrauchten vielfach ihre Macht zum Nachteil der Neutralen. Antwerpen, das durch den Frieden von Amiens den seit zwei Jahrhunderten versperrten Zugang zur See wiedergewonnen hatte, verlor ihn mit Erneuerung des Krieges. Bald waren die deutschen Häfen nicht besser daran. Die Kontinentalsperre und die englische Blockade legten sie lahm. Der Zusammenbruch der französischen Macht war die erste Vorbedingung für den Ansatz zu einer gedeihlichen Fortentwicklung der Schiffahrt.

Der Friede heilte nur allmählich die Wunden, die der Krieg geschlagen hatte. Zu tief und nachhaltig hatte dieser den Wohlstand getroffen, zu spärlich waren die über die unmittelbarsten Erfordernisse der Landwirtschaft, des Handwerks und des noch schwächlichen Handels hinaus vorhandenen Kräfte. Längere Sammlung und Erstarkung mußte solche erst schaffen. Frieden und allgemeines Gedeihen mußten das Erwerbsleben zu Blüten höherer Art bringen; der Ackerbau mußte die Spuren der Verwüstung und Vernachlässigung tilgen, die Industrie im neuzeitlichen Sinne ihre ersten Ansätze machen. Mit zunehmendem Wohlstande und zunehmender Volkszahl wuchsen die Bedürfnisse und Erzeugnisse aller Länder. Das so lange verstockte Leben und Treiben der Handelsmärkte begann endlich einen frischeren Zug aufzuweisen, der im ganzen Jahrhundert immer mächtiger geworden ist. Für einzelne Gegenden sind wohl Schwankungen und schmerzliche Rückschläge eingetreten. Im großen und ganzen aber war es eine ununterbrochene Vorwärtsentwicklung, die alle Hindernisse überwand. Die Heranbildung einer Produktions- und Konsumtionsgemeinschaft aller Völker der Erde hat seit den Anfängen der Weltgeschichte keine solchen Fortschritte gemacht, wie allein im 19. Jahrhundert.

Und ihr Werkzeug ist von jeher in erster Linie die Seeschiffahrt gewesen. Nachbarn zu Lande hat jedes Volk nur wenige. Die See ist die große Hochstraße des Weltverkehrs. Sie macht uns zu Nachbarn unserer Antipoden.

Heute ist kaum ein Gewerbe so frei, hat sich kaum in einem eine solche internationale Gemeinschaft ausgebildet, wie in der Seeschiffahrt. Es ist daher schwer, sich die alten Verhältnisse wieder zu vergegenwärtigen, die bis tief ins 19. Jahrhundert hinein unter dem Geist der lästigsten Verkehrshemmnisse litten. In England bestand noch die Navigationsakte, die Cromwell 1651 erlassen hatte. Sie verbot die Einfuhr aller aus fremden Weltteilen stammenden Waren nach England in nicht englischen Schiffen und über fremde Häfen. Europäische Waren, laut einer speciellen Liste, in fremden Schiffen ließ sie nur zu, wenn sie in einem unter der Flagge des Ursprungslandes fahrenden Schiffe eingeführt wurden, was für die kleinen deutschen Seestaaten besonders nachteilig war, da ihre Schiffe ja nicht einmal die ganze deutsche Küste, geschweige denn ganz Deutschland zum Heimatland hatten. Die englische Küstenschiffahrt blieb der englischen Flagge vorbehalten. Den Vereinigten Staaten gewährte England schon früher einige Zugeständnisse. Für europäische Länder konnten sie erst unter dem Einflusse der von Huskisson geführten Freihandelsschule durchgesetzt werden. 1825 erreichten die Hansestädte die bescheidene Erlaubnis, wenigstens hansestädtische Waren einzuführen, während bis dahin ein bremisches Schiff keine der in der Liste verzeichneten hamburgischen Waren landen durfte. 1839 gestattete England fremden Schiffen den Verkehr mit Indien, jedoch nicht den zwischen England und Indien; und höhere Zölle als unter englischer Flagge hatten die Waren unter fremder Flagge auch dann noch zu zahlen. Der Handelsvertrag mit dem Zollverein von 1841 erlaubte preußischen Schiffen die Zuführung von Waren aus Häfen zwischen Rotterdam und Hamburg. 1839 ließ England die höheren Ausgangszölle auf Waren unter fremder Flagge fallen; auch dann noch nicht einmal den auf Steinkohlen, sofern das fremde Schiff sie nicht nach seinem Heimatlande brachte. Erst 1849 wurde die Navigationsakte endgültig aufgehoben, der Ausschluß der fremden Flagge von der Küstenschiffahrt gar erst 1854. Da England längst das Welthandelsland par excellence geworden war, so hatten seine Beschränkungen schwer auf der fremden, namentlich auch auf der deutschen Schiffahrt gelastet.

Ähnliche Verkehrshemmnisse bestanden in den meisten Ländern. Holland erhob einen Zuschlagszoll von 10 % von Waren in hanseatischen Schiffen. Spanien behielt sich anfangs den Verkehr mit seinen großen Kolonien allein vor und gab ihn erst spät unter dem immerhin noch verbleibenden Nachteil eines Zollzuschlags frei. Im Verkehr mit Cuba und Puertorico hat er bestanden, bis sich diese Inseln am Ende des 19. Jahrhunderts losrissen. Frankreich begünstigt noch heute seine Ausfuhr nach den Kolonien gegenüber den fremden Waren. Die Küstenschiffahrt ist noch heute in manchen Ländern, z. B. Rußland und den Vereinigten Staaten, den fremden Schiffen verboten. Bedeutungsvolle Stadien in dem langen, schwierigen Wege der Befreiung der deutschen Schiffahrt von solchen Hemmnissen waren die Losreißung der Vereinigten Staaten von England und der kontinentalen Kolonien Spaniens vom Mutterlande. Nun war endlich Amerika der deutschen Schiffahrt und dem direkten deutschen Handel zugänglich gemacht. Das Versäumnis Deutschlands im 16. Jahrhundert war wenigstens teilweise beseitigt, der Raum für eine neue Hansa freigeworden.

Noch bis tief ins 19. Jahrhundert hinein lasteten arge Nachteile in Europa und sogar in Deutschland auf der deutschen Schiffahrt. Vom Verkehr zwischen Nordsee und Ostsee erhob Dänemark den Sundzoll seit dem 13. Jahrhundert mit kurzer Unterbrechung, die durch die vorübergehende Macht der Hansa erzwungen war. In der ersten Hälfte des 19. Jahrhunderts zahlten die Waren 2—12 % vom Werte. Danzig bezahlte noch 1854, als der Zoll schon (1841) revidiert war, 138 249 Thaler, wovon 19 937 Thaler auf Schiffsabgaben, der Rest auf Waren entfiel. Erst 1857 gab Dänemark den Verkehr gegen Entschädigung frei. Weniger wichtig für die Allgemeinheit und für deutsche Schiffe war der

Scheldezoll, der Antwerpen zu Gunsten der holländischen Häfen unterdrückte. Er war eingerichtet, als Frankreichs Macht gebrochen war, als die englische Blockade aufhörte und Belgien mit Holland vereinigt wurde. Es hielt Antwerpen fast ebenso zuverlässig nieder wie die 1648 anerkannte staatsrechtliche Schließung der Schelde. Von 1818 bis 1862 konnte sich Antwerpens Schiffsverkehr nur von 66649 t auf 407965 t entwickeln. 1863 fiel — gegen Entschädigung, zu der auch die deutschen Küstenstaaten nach Maßgabe ihres Verkehrs beitragen mußten — der Scheldezoll und nun erst konnte Antwerpen seine Flügel recken. Seitdem hat es seinen Schiffsverkehr auf 6872848 t im Jahre 1899 gebracht, womit es nächst Hamburg der erste Seehafen des Kontinents geworden ist. Sein Wachstum ist zum Teil auf Kosten der deutschen Häfen, namentlich Bremens, vor sich gegangen.

Nicht nur das Ausland wirkte so dem Aufblühen der deutschen Reederei und Schiffahrt entgegen. Die deutschen Einzelstaaten sahen sie gleichfalls als ein fremdes Interesse an, dem man ruhig ein hohes Weggeld abfordern könne. Es ist heute kaum zu fassen, daß Hannover bei Stade bis 1861 einen Zoll von den vorbeifahrenden Schiffen erheben durfte, für die es doch gar nichts leistete. Hamburg gab jährlich etwa 500000 Mk. kurant für Stromverbesserung aus, Hannover that nichts und hatte statt einer Ausgabe jährlich 500000 Mk. Einnahme aus dem Stader Zoll. 1824 hatte es sich zu einer Erleichterung drängen lassen, die den Verkehr Hamburgs noch nicht erheblich emporbrachte. Die gänzliche Aufhebung im Jahre 1861 bewirkte indes ein stark beschleunigtes Wachstum. Glücklicher war Bremen in der Abfindung Oldenburgs für Aufhebung des seit dem Dreißigjährigen Kriege bestehenden Elsflether Zolles; er fiel schon 1820.

Die Freiheit der Flußschiffahrt von Zöllen war durch den Wiener Frieden erreicht worden. Die zahlreichen Binnenzölle beseitigte allmählich der Zollverein. Er erleichterte den Verkehr mit fremden wie mit einheimischen Waren und kam daher auch dem Seeverkehr zu gute, längst ehe die übrigen Seestaaten sich ihm anschlossen. Hannover und Oldenburg traten am 1. Januar 1854 bei, Mecklenburg und Schleswig-Holstein 1867, Lübeck 1868, Hamburg und Bremen im Oktober 1888[1]. Der Zollverein war auch insofern ein großes Glück für

[1] Es ist indessen sehr zu berücksichtigen, daß das, was man gewöhnlich Zollanschluß von Hamburg und Bremen nennt, mit der Beibehaltung von Freihäfen vereinbar gefunden wurde. Nahezu der ganze Seeverkehr in Hamburg, Altona, Bremen, Bremerhaven, Geestemünde, Brake vollzieht sich im Freihafen. Und diese Einrichtungen haben sich so bewährt, daß verschiedene Zollhäfen Preußens noch nachträglich Freihäfen bekommen haben.

die Schiffahrt, als die fremden Staaten einwilligten, mit ihm Handelsverträge zu schließen, während sie früher mit der Menge der Einzelstaaten nichts anfangen konnten. Verträge mit dem Zollverein und den Hansestädten pflegten die fremden Staaten, in denen der Geist der Freihandelsschule mehr und mehr wirksam wurde, für gleichbedeutend mit Verträgen mit Deutschland anzusehen. Auch die dem Freihandel sonst abholden Vereinigten Staaten thaten das und streng genommen sind deren Verträge mit den Hansestädten und Preußen aus den zwanziger Jahren noch heute nicht durch solche mit dem Reiche ersetzt, obwohl sie ohne weiteres aufs Reich angewandt werden.

Auch die Sicherheit des Privateigentums zur See hat mächtig gewonnen. Im Anfang des Jahrhunderts wagten sich noch afrikanische Piraten in die Nordsee und nahmen dort deutsche Schiffe weg, ein Unfug, dem England ein Ende gemacht hat. Nach dem Krimkriege regelten die Pariser Seerechtsdeklarationen in einigen wichtigen Punkten das Recht der Kriegführenden gegen neutrales und feindliches Privateigentum zur See. Der wichtige Grundsatz: „das Privateigentum zur See ist frei", den die Vereinigten Staaten am wärmsten vertraten, scheiterte am Widerspruch Englands, worauf die Vereinigten Staaten ihren Beitritt verweigerten, also auch das Recht der Kaperei für sich beanspruchten. Der Geist der Pariser Deklaration herrscht aber so sehr, daß während des spanisch-amerikanischen Krieges beide Teile, obwohl sie ihr nicht beigetreten waren, ihr gemäß handelten. Ganz am Schluß des Jahrhunderts hat der südafrikanische Krieg noch die Frage brennend gemacht, wie weit ein kriegführender Teil das Recht habe, Lebensmittel für Kriegskontrebande zu erklären und neutrale Schiffe mit neutralem Privateigentum — sei es Kriegskontrebande oder nicht — zwischen neutralen Häfen aufzubringen und eventuell in Beschlag zu nehmen. Durch das kräftige Auftreten Deutschlands anläßlich der Beschlagnahme deutscher Schiffe sind die Streitfragen de facto zu seinen Gunsten entschieden, principiell ist aber noch vieles ungeklärt geblieben.

So ist die Zeit von 1814 bis 1861 in ganz bedeutendem Maße der Wegräumung der von der Staatskunst vergangener Zeiten ausgehenden Hemmnisse und Beschränkungen der Schiffahrt gewidmet. Nunmehr konnte sich die Schiffahrt im wesentlichen als frei ansehen. Sie konnte ihre Kräfte auf alles verwenden, was sich ihren Fähigkeiten darbot, und nach ihren Diensten verlangte. Doch kamen zu diesen vom bewußten Willen geleiteten Staatsaktionen noch schwerwiegende Umstände hinzu, um die Segel der Schiffahrt noch weit mehr zu blähen.

Die Entdeckung der fremden Weltteile und des Seewegs um Afrika hatte Jahrhunderte lang wenig Einfluß auf das Gros der Handels- und Schiffahrtsthätigkeit. Zumeist wurde der Handel mit den Kolonien Jahrhunderte hindurch mit großem Gewinn betrieben. Es wurde schon in der ersten Zeit keineswegs vorwiegend Lehrgeld bezahlt, wie zu Gunsten unserer Kolonialpolitik meist angenommen wird, vielmehr meistens ein abnormer Gewinn erübrigt, der den Anlaß zu den Kämpfen um die neuen Weltteile und zu der Ausschließung der Fremden bot. 1599 sandten die Holländer zum ersten Mal Schiffe nach Ostindien aus: nur drei, und diese brachten den Unternehmern etwa hundert Prozent Gewinn. Die Unternehmerin war die holländisch-ostindische Compagnie, eine Art Parten- oder Aktienunternehmen; jedenfalls setzte sich das Betriebskapital aus sehr vielen kleinen Anteilen zusammen, und zwar von Unternehmern, die zu Hause blieben und mit den Schiffern durchaus nicht identisch waren. Die Holländer wie auch die anderen Kolonialmächte hatten nicht die Neigung, den Umfang des Verkehrs mit ihren Kolonien zu heben, sie wollten vielmehr die hohen Gewinne sich vorbehalten, selbst auf Kosten ihrer Kolonien. Die Spanier haben dieses System so wenig abschütteln können, daß sie noch am Ende des 19. Jahrhunderts den Rest ihrer Kolonien darüber verloren. Die Holländer erzeugten um 1630 auf der Insel Banda Muskatnüsse zu $7\frac{1}{2}$ Cents das Pfund und verkauften sie in Amsterdam zu $3\frac{1}{4}$ Gulden[1]. Solche Gewinne erzielten die Kolonialmächte damals durch Beschränkung des Verkehrs. Der Umfang des Handels mit fremden Weltteilen war daher bis in den Beginn des 19. Jahrhunderts klein gegen denjenigen des europäischen. Noch jetzt überwiegt — im Gegensatz zu den landläufigen Vorstellungen — der europäische Verkehr. So kamen in Hamburg 1899 3 953 082 Tonnen Schiffsraum aus europäischen und nur 2 826 625 t aus nichteuropäischen Häfen an. — In Bremen dagegen, das einen weit geringeren Verkehr mit England unterhält, überwogen die Ankünfte aus den fremden Weltteilen mit 1 365 956 t bei weitem die aus Europa, welche nur 1 040 492 t erreichten.

Dieses Emporkommen des Schiffsverkehrs mit außereuropäischen Häfen verzog sich erst allmählich während des ganzen Jahrhunderts. Im Beginn desselben wurde der Verkehr mit der jungen nordamerikanischen Republik, mit Westindien bereits lebhafter, aber die maßgebende Rolle spielte der Handel mit dem heimatlichen Weltteil. 1784 kamen in Ham-

[1] Busken-Huet, Rembrandts Heimat. Deutsch, II. Bd., S. 69.

burg nur 6 Schiffe aus Amerika an, 1799 waren es bereits 199. Doch war dies nur ein kleiner Teil des Gesamtverkehrs; dieser bezifferte sich 1795 auf 2107 angekommene Schiffe; 1800 kamen allein von Lissabon 56, von England 198. Die große Umwälzung im Laufe des Jahrhunderts ist auf verschiedene Ursachen zurückzuführen, u. a. auf die großartige Entwicklung der Schiffsbautechnik, auf die weiterhin zurückzukommen sein wird. Aber eben so sehr auch auf die Besitznahme von Amerika, Australien und Südafrika durch europäische Kolonisten. Von 1492 bis 1800 hat sich Amerika erst sehr wenig besiedelt. Erst die Auswandererströme des 19. Jahrhunderts haben die großen Völker im neuen Weltteil geschaffen. 1790 zählten die Vereinigten Staaten erst 4 Millionen Seelen, 1900 dagegen 76 Millionen. Die Auswanderung erforderte einen Schiffahrtsdienst, wie ihn frühere Jahrhunderte nicht geahnt hatten. Und doch war sie der weniger bedeutende Teil des Phänomens. Der größere liegt darin, daß die Millionen der Europamüden die fremden Weltteile in Kultur brachten, ungeahnte Mengen von Lebensmitteln und Rohstoffen produzierten, die ihren Weg nach dem alten Europa suchten. Und mit der wachsenden Produktion kam den fremden Weltteilen der Wohlstand, die Kaufkraft für europäische Waren, die nun ebenfalls in einem Umfange, der die kühnsten Träume der aufgeklärtesten Kaufleute von 1800 hinter sich gelassen hat, durch die Handelsflotte von der alten nach der neuen Welt gebracht wurde. 1791 wurden in den Vereinigten Staaten 2 Millionen Pfund Baumwolle geerntet und das amerikanische Pfund kostete 26 Cents; 1895 belief sich die Ernte auf 4587 Millionen Pfund und der Preis war auf 6,3 Cents gewichen. Der Transport der ganzen heutigen Baumwollenernte nach Europa würde allein 2 200 000 Registertonnen Segelschiffsräume erfordert haben. Vor hundert Jahren machte ein Segelschiff im Jahre zwei Reisen von Liverpol nach Charleston und zurück. Es wäre also mehr als eine Million Tonnen Schiffsraum für je zwei Reisen erforderlich gewesen. Eine solche Handelsflotte besaßen alle Staaten zusammengenommen nicht. Vor reichlich einem Jahrhundert kam es vor, daß man sich in Baltimore bei andauerndem Westwind vor einer Hungersnot sorgte, weil die Schiffe mit Mehl aus Europa ausblieben. Inzwischen sind die Vereinigten Staaten das Land der größten Ausfuhr der Welt von Brotkorn, Mais, Fleisch, Speck und Schmalz geworden. Inzwischen sind eben die ungeheueren Wälder und Prairien zwischen New-York und dem Felsengebirge besiedelt worden. Die Bodenschätze an Petroleum, Kupfer, Kohlen, Eisen sind entdeckt und Amerika schickt sich gar an, Europa mit Eisen und Stahl und sogar

Steinkohlen auszuhelfen. Die Industrieerzeugnisse, die die Vereinigten Staaten bisher immer noch in großem Maßstabe aus Europa bezogen haben, möchten sie jetzt gern ausschließlich selbst erzeugen, ja ihr Streben geht dahin, das übrige Amerika wirtschaftspolitisch in ihre Klientel zu bringen.

Es ist nicht wahrscheinlich, daß sich jemals ein ähnlicher Aufschwung der Produktion von Lebensmitteln und Industrierohstoffen wiederholen wird. Neue Erdteile sind auf unserem Planeten nicht mehr zu entdecken. Zu der Vermutung, daß die Wüsten und trockenen Steppen sich dereinst in lachende Gefilde verwandeln ließen, liegt kein Anlaß vor. Ob die internationale Arbeitsteilung Fortschritte macht oder zurückgeht, hängt von der Wirtschaftspolitik der hauptsächlichsten Kulturstaaten ab.

Deutschland hat um die Mitte des Jahrhunderts den Übergang von einem kornausführenden zu einem korneinführenden Lande gemacht. Dieser Prozeß war für die Schiffahrt von weitgehendster Bedeutung. Wie der soeben erwähnte, hat er seine Ursache außerhalb der Schiffahrt, auch außerhalb der Landwirtschaft. Auf dem heutigen Gebiet des Deutschen Reiches lebten

1816	24 833 000	Einwohner,
1855	36 114 000	„
1901	56 806 000	„

Trotz aller Vervollkommnung hat die deutsche Landwirtschaft mit einem derart wachsenden Bedarf nicht Schritt halten können, zumal auch der Bedarf pro Kopf infolge des wachsenden Wohlstandes noch gestiegen ist. Der Westen führte schon überwiegend Korn ein, als der Osten noch immer bei der Ausfuhr blieb. Vor Einführung der Kornzölle in Deutschland fand das ostpreußische Getreide einen eben so guten und besseren Markt in London als in Berlin oder Köln, die Transportkosten dahin waren aber weit niedriger.

Die Kornausfuhr nach England und parallel mit ihr die Holzausfuhr bildete bis gegen 1880 hin das Rückgrat der Ostseeschiffahrt. Darum war für sie die englische Kornzollpolitik von entscheidender Bedeutung. Hatte England niedrige Preise, so hielt es seine Zölle hoch und Königsberg, Danzig, Stettin, Rostock konnten ihren Weizen, ihren Hafer, ihre Gerste nicht loswerden. Umgekehrt: wenn mit steigenden Preisen in England die Kornzölle herabgesetzt wurden, so blühte das ganze Geschäft an der Ostsee. Am meisten trat dies in den vierziger Jahren hervor. Da damals konkurrierende Faktoren sich noch wenig einmischten, so seien gleich hier die entscheidenden Zahlen angeführt.

Ganz Preußen in der Größe von 1815 besaß an Seeschiffen (die alten Maße möglichst genau auf heutige Register-Tonnen umgerechnet)[1]:

1805	168 700	Register-Tonnen, inkl. Neuvorpommern,	
1815	115 700	" "	
1825	87 000	" "	(niedrigster Stand).
1832	117 600	" "	
1836	106 500	" "	

Seitdem stieg der Tonnengehalt der preußischen Handelsflotte ununterbrochen bis

1848	202 300	Register-Tonnen,

Nach kurzem Stillstande begann ein neues bescheidenes Anwachsen und dann ein fast ununterbrochener Rückgang. Man zählte in den drei Provinzen Ost- und Westpreußen und Pommern, die ja auch oben allein berücksichtigt sind:

Anfang 1883	243 138	Reg.-Tonnen Netto,
" 1890	156 786	" " "
" 1900	85 315	" " "

Die Flotte der drei alten preußischen Ostseeprovinzen ist also unter den niedrigsten Stand, der seit 1805 vorgekommen ist, unter den des Jahres 1825 gesunken.

Der ungünstige Gang der Reederei und Schiffahrt der deutschen Ostseeküste wurde im letzten Viertel des Jahrhunderts wesentlich durch politische Momente veranlaßt. Der Sieg des Freihandels in England und der zunehmende Bedarf des Inselreiches an deutschem und russischem Korn und Holz kamen Danzig, Königsberg, Memel, auch den pommerschen Häfen sehr zu gute. Die Anlegung von Eisenbahnen in Ostdeutschland und Rußland mobilisierte immer mehr Ausfuhrwaren und zog demgemäß auch Einfuhrwaren heran. Der Krimkrieg mit der Sperre der russischen Häfen förderte sogar vorübergehend den Seehandel der Provinz Preußen ganz ausnehmend. Stettin blühte als Seehafen der rasch wachsenden Landeshauptstadt erfreulich auf. Doch bald kam der Wendepunkt. Deutschland selbst absorbierte immer mehr von den ostdeutschen Lebensmitteln und dem ostdeutschen Holz und als es diesen Artikeln gar 1879 einen Schutzzoll gewährte, hatten sie verdoppelten Anlaß, im Lande zu bleiben. Die spätere Aufhebung des Identitätsnachweises für Getreide hat dem deutschen Erzeugnis zugleich den Vorteil des Schutzzolls und der billigen Fracht nach England gelassen, aber die eingetretenen Nachteile in ihrem

[1] Nach Peters, Entwicklung der deutschen Rhederei.

vollen Umfange aufzuheben, war er außer stande. In den siebziger Jahren machte Stettin den Versuch, durch eine Passagierdampferlinie nach New-York Anteil an den Vorteilen der Auswanderung zu gewinnen; er schlug fehl. Bald kam durch die Zollpolitik eine Schwächung der Kapitalkraft der Ostseestädte hinzu, und das in einer Zeit, wo der Übergang vom hölzernen Schiff zum eisernen, vom Segler zum Dampfer nicht verringerte, sondern stark vergrößerte Kapitalkräfte erforderte. Dazu traten infolge der Weltkonjunktur empfindlich sinkende Frachten ein. Nun saßen die so schwer betroffenen Ostseestädte mit einer ansehnlichen Flotte von meist alten hölzernen Segelschiffen da. Auf den Reisen brachten die Schiffe meist Verlust und zu verkaufen waren sie auch nicht mehr.

An diesen Verhältnissen war die Ostseereederei unschuldig. Es brach über sie ein Verhängnis herein. Ihr wurde das Rückgrat gebrochen, zur selben Zeit, als die Nordseereederei so wunderbar aufblühte. An der Ostsee brauchte man ja auch allmählich mancherlei Dampfer im Nachbarverkehr. Der dadurch geschaffene Ersatz konnte die eingetretenen Schäden aber entfernt nicht decken. 1874 war die Segelflotte der Ostsee noch größer als die der Nordsee. 1900 beträgt sie nur noch den dreizehnten Teil der letzteren!

In den folgenden, der deutschen Reichsstatistik entnommenen Zahlen hat man die ganze Tragödie vor sich:

Anfang	Segler		Dampfer		Zusammen	
	Schiffe	Tonnen	Schiffe	Netto-Tonnen	Schiffe	Tonnen
1873	2007	434 270	102	20 646	2109	454 916
1875	1985	438 366	124	32 548	2109	470 914
1877	1964	434 534	141	35 973	2105	470 507
1879	1880	413 513	170	42 545	2050	456 078
1881	1710	388 063	201	55 202	1911	443 265
1883	1493	341 795	253	82 445	1746	424 240
1885	1369	315 508	321	118 660	1610	421 366
1887	1200	275 922	331	120 744	1531	396 666
1889	921	205 575	342	120 102	1245	329 722
1891	860	186 032	378	149 130	1241	335 162
1893	760	163 410	392	156 658	1152	317 608
1895	630	118 912	390	158 992	1020	277 904
1897	509	76 703	389	142 818	898	219 521
1899	431	48 861	427	170 857	858	219 718
1900	397	38 721	440	180 029	840	218 750

Die Segelflotte der Ostsee ist kaum mehr.

Ein Glück, daß sich wenigstens der Schiffsbau an der Ostsee kräftig entwickelt hat, vor allem in Stettin, Elbing, Danzig, Rostock, Flensburg und Kiel, aber auch noch in manchen anderen Plätzen.

In den Nordseehäfen war der Gang der Dinge ein wesentlich anderer. Und zwar war er hier in Hamburg und Bremen wieder ganz verschieden von dem in den kleinen Häfen Geestemünde, Elsfleth, Emden u. s. w. Die Reeder der letzteren konnten nicht einmal in der Zeit, als die Auswanderung noch die Segelschiffe benutzte, die Auswandererschiffe stellen. Sie waren mit ihren Schunern, Briggs, später Barken wesentlich auf den Frachtverkehr zwischen europäischen, westindischen, südamerikanischen Häfen und auf ähnliche Reisen angewiesen. Es wird später darauf im einzelnen zurückzukommen sein. Hier soll nur betont werden, daß sich auf die Reederei der kleineren Häfen die fundamentale Einwirkung der Auswanderung nicht erstreckte.

Hamburg und Bremen atmeten auf, als ihnen durch den Abfall der Vereinigten Staaten vom Mutterlande mit einem Mal der Verkehr nach diesem bisher nur der englischen Flagge offen stehenden Lande gestattet wurde. Ihr zweiter großer Glücksfall war die Losreißung der kontinentalen spanischen Kolonien und später Brasiliens vom Mutterlande; jetzt konnten ihre Schiffe auch in La Guayra, Buenos Aires, Valparaiso u. s. w. verkehren. Die Aufhebung der englischen Navigationsakte, des Elsflether und des Stader Zolles traf sie also in einem ohnehin ihnen günstigen Zeitabschnitt.

Von der außerordentlichen Tragweite für die beiden deutschen Nordseestädte erwies sich nun die Zunahme der Auswanderung, ein Phänomen, das vermutlich auf das 19. Jahrhundert beschränkt bleiben wird. Was frühere Jahrhunderte gesehen haben, verschwindet neben der großen Flut, die sich nun in Bewegung setzte und nach bescheidenen Anfängen und unter mehrfachen Schwankungen in den achtziger Jahren ihren Höhepunkt erreichte. Die englische Auswanderung und die seit 1847 so bedeutsame irische ließen natürlich die deutschen Städte unberührt. Seit dem Anfange der zwanziger Jahren kam hauptsächlich die deutsche Auswanderung in Gang, und zwar nahm sie ihren Weg vorwiegend über Hamburg und Bremen, über letzteres noch mehr, weil, wie die Hamburger Reeder klagten, ihre Vaterstadt mit Bezug auf diesen Geschäftszweig ungeeignete Gesetze erlassen habe. In älteren Zeiten ist die Statistik unsicher. Von 1820 bis 1850 sollen 1 600 000 Auswanderer Deutschland verlassen haben. Von 1851—70 1 200 000. Seit 1871 liegen genaue Aufzeichnungen vor. In den 30 Jahren bis 1900 inkl. betrug die überseeische Auswanderung Deutschlands 2 495 659 Personen. Im ganzen also seit 1820 5 300 000 Personen!

Höhepunkte der deutschen Auswanderung waren

1872	125 650	Personen,
1873	103 638	=
1881	220 902	=
1882	203 585	=
1883	173 616	=
1884	149 065	=
1891	120 089	=
1892	116 339	=

Von der deutschen Auswanderung gingen seit 1871 nachweisbar rund 80 Prozent über Hamburg und Bremen. In der ersten Hälfte des Jahrhunderts wohl etwas weniger, namentlich gingen vor Erbauung der Eisenbahnen die Westdeutschen viel auf Kähnen den Rhein hinab nach Holland. Doch darf man annehmen, daß seit 1820 4 Millionen Deutscher über Hamburg und Bremen in ferne Weltteile gewandert sind. 1871—90 gingen 95,5 % allein nach Nordamerika, 3,2 % nach dem übrigen Amerika.

Allmählich pflanzte sich die Auswanderungslust von Westen nach Osten fort, nach Ostdeutschland, Österreich, Ungarn, Polen, Rußland. In Deutschland ist sie allmählich beinahe zum Erlöschen gekommen, sodaß sie nur noch betrug:

1895	37 498	Personen,
1896	33 824	=
1897	24 631	=
1898	22 221	=
1899	23 740	=
1900	24 353	=

In den Hansestädten wirkte die nichtdeutsche Auswanderung sehr bedeutsam für den Passagierverkehr mit. In der letzten Zeit überwog sie die deutsche sogar ganz außerordentlich. Die Zahl der Nichtdeutschen betrug in Hamburg 1899 : 92,07 Prozent, 1900 : 86,59 Prozent, in Bremen 1899 : 89 Prozent, 1900 90,55 Prozent.

In Hamburg und Bremen giebt es statistische Aufzeichnungen seit 1846 resp. 1832. Darnach sind befördert im jährlichen Durchschnitt

Von Hamburg			Von Bremen		
			1832/41	11 185	Pers.,
			1842/46	21 519	=
1846/50	6 424	Pers.,	1847/51	30 805	=
1851/60	24 746	=	1852/61	39 618	=

Von Hamburg			Von Bremen		
1861/70	34 466	Perf.,	1862/71	45 213	Perf.,
1871/80	43 092	"	1872/81	44 148	"
1881/90	90 889	"	1882/91	97 909	"
1891/95	81 200	"	1892/96	37 107	"
1896	52 748	"	1896	53 986	"
1897	35 049	"	1897	38 930	"
1898	39 882	"	1898	56 218	"
1899	64 214	"	1899	86 072	"
1900	87 153	"	1900	95 961	"

Indem sich nun diese Millionen Europamüder in Bewegung setzten und über die deutschen Hansestädte die Wanderung über den Ozean antraten, gaben sie der Reederei Hamburgs und Bremens Kapitalien, um erst Segelschiffe hervorragender Güte, dann Dampfer von stetig wachsendem Werte zu erbauen. Zugleich gaben sie den heimkehrenden Schiffen Gelegenheit, überseeische Waren, namentlich amerikanische, zu verhältnismäßig niedriger Fracht zurückzubringen. Reederei und Handel beider Städte haben also eine ganz wesentliche Förderung durch die Auswanderung erfahren; namentlich in Bremen. Der hochentwickelte Tabakhandel in Bremen ist zu einem wesentlichen Teil aus dieser Ursache entstanden.

Allmählich hat man statt Auswanderung Passagierverkehr zu sagen, denn auch die Heimkehrenden, die hin und her gehenden Geschäftsreisenden machen einen sehr bedeutenden Verkehr aus. Und dieser benutzt auch herüber von Amerika in erster Linie die deutschen Dampfergesellschaften.

Die Auswanderung war es dann, die Hamburg und Bremen den Übergang von der Segelschiffahrt zur Dampfschiffahrt erleichterte, die ihnen die Möglichkeit gab, so große Flotten prächtiger, schneller Dampfer zu schaffen, wie sie heute besitzen.

Doch wirkten auch hierfür zwei andere Umstände kräftig und vielleicht noch bedeutungsvoller mit. Der eine, die Zunahme der Bevölkerung in Deutschland, ist bereits kurz erwähnt. Immer wachsende Massen von Lebensmitteln mußten herbeigeschafft werden, um die anschwellenden Millionen zu nähren. Auch gekleidet mußten sie werden; die Einfuhr von Baumwolle, Wolle, Jute mußte wachsen. Diese Importartikel mußten bezahlt werden, natürlich mit Exportartikeln. An die Stelle der ursprünglichen Ausfuhrwaren, Korn und Schlachtvieh, traten ganz andere: Zucker, zeitweilig auch Sprit, vor allem aber Industrieartikel. Und da diese letzteren zum großen Teil aus fremden Rohstoffen — beispielsweise Baumwolle, Wolle, Jute, Erzen — hergestellt werden mußten, so brachte das nicht nur die Ausfuhr, sondern auch die Einfuhr zum Anschwellen.

Die deutsche Industrie hat in den letzten Jahrzehnten großartige Fortschritte gemacht, auf dem Weltmarkt sowohl wie daheim. Es wuchsen ihr die Kapitalkräfte zu, gleichzeitig aber auch die geistigen und technischen Fähigkeiten, endlich auch — infolge der Bevölkerungszunahme — die Arbeitskräfte. So hat sie es erreicht, einen ehrenvollen Platz auf dem Weltmarkt einzunehmen und immer mehr anerkannt zu werden als die ebenbürtige Nebenbuhlerin der englischen. Auch die Entwicklung der Eisenbahn und der Binnenschiffahrt sind unerläßliche Vorbedingungen für den Aufschwung der Seeschiffahrt gewesen. Denn sie vervollständigen die von dieser zu leistende Transportarbeit. Die deutsche Einfuhr und Ausfuhr sind staunenswert gewachsen. Wenngleich die Zahlen nicht genau vergleichbar sind — teils wegen Veränderungen in der Wertberechnung mit dem Jahre 1880, teils wegen des Zollanschlusses von Hamburg und Bremen 1888 — so sind sie doch in Bausch und Bogen zu charakteristisch und für die Schiffahrt zu bedeutungsvoll, als daß sie hier nicht angeführt werden sollten.

Die Einfuhr in, die Ausfuhr aus dem freien Verkehr betrug:

	Einfuhr		Ausfuhr	
	Mill. Tonnen	Mill. Mark	Mill. Tonnen	Mill. Mark
1872	13,3	3464	10,0	2492
1876	16,6	3911	12,9	2604
1880	14,1	2859	16,4	2946
1884	17,7	3284	19,1	3269
1888	21,8	3435	20,7	3352
1892	29,5	4227	19,8	3150
1896	36,4	4558	25,7	3753
1898	42,7	5439	30,0	4010
1899	44,6	5783	30,4	4368
1900	45,9	5833	32,6	4555

Diese Zahlen schließen den Handel über die Landgrenzen ein. Anläßlich der Flottenvorlage vom Frühjahr 1900 hat sich die Regierung der Mühe unterzogen, festzustellen, wieviel von diesem Außenhandel der Vermittlung des Seeverkehrs bedarf und wieviel davon auf außereuropäische Länder entfällt.. Sie ist dabei zu höchst interessanten Ergebnissen gekommen. Nämlich

1. Daß die außereuropäischen Länder von der Einfuhr dem Werte nach bereits 34,2 % liefern und von der Ausfuhr bereits 20 % empfangen.

2. Daß fernere 20,6 % der Einfuhr und 29,7 % der Ausfuhr europäische Länder ausschließlichen oder fast ausschließlichen Seehandels betreffen.

3. Daß für europäische Länder überwiegenden Seehandels 17,8 % der Einfuhr und 15,7 % der Ausfuhr verbleiben.

4. Daß europäische Länder überwiegenden oder ausschließlichen Landhandels nur 27,4 % der Einfuhr und 34,5 % der Ausfuhr absorbieren.

5. Daß demnach vom gesamten Außenhandel die Seeschiffahrt etwa zwei Drittel, der Landverkehr einschließlich der Flußschiffahrt etwa nur ein Drittel beansprucht.

6. Daß diese Verhältnisse sich zu Gunsten der Schiffahrt langsam verschieben.

Die Zahlen sind zu wichtig, um hier übergangen werden zu können:

(Siehe die Tabelle S. 22.)

Die „europäischen Länder überwiegenden oder ausschließlichen Landhandels" enthalten Belgien und Holland und zwar mit hohen Summen (1898 Einfuhr 385,5 Mill., Ausfuhr 467, 4 Mill.). Die Zahlen entstammen natürlich nicht lediglich der Einfuhr belgischer und holländischer Erzeugnisse sowie der Ausfuhr für den belgischen und holländischen Konsum; beträchtliche Summen betreffen transitierende Waren, die zu Schiff in Rotterdam und Antwerpen angekommen sind oder abgehen sollen. Andererseits stecken in den Einfuhren aus und den Ausfuhren nach außereuropäischen Ländern, England, Portugal u. s. w. große Summen für Waren, die nicht direkt über deutsche Häfen, sondern als Transitgut über fremde Häfen gegangen sind.

Zur Ergänzung ist die hanseatische Statistik heranzuziehen. Sie ergiebt für die überseeische

	in Millionen Mark		
Einfuhr	1897	1898	1899
nach Hamburg	1967	2130	2043
„ Bremen	613	681	649
	2580	2811	2692
die Ausfuhr			
nach Hamburg	1443	1559	1642
„ Bremen	385	385	394
	1828	1944	2036

Diese Zahlen schließen eine ansehnliche Warenbewegung ein, die nur vom Ausland fürs Ausland bestimmt ist. Das verringert ihre Bedeutung für die Schiffahrt nicht, aber dieser Teil der Warenbewegung ist nicht

Die Einfuhr	In Millionen Mark 1894	1895	1896	1897	1898	In Prozenten der Gesamteinfuhr 1894	1895	1896	1897	1898
a) von außereuropäischen Ländern	1376	1427	1509	1613	1862	32,0	33,6	33,2	33,2	34,2
b) von europäischen Ländern ausschließlichen oder fast ausschließlichen Seehandels	842	781	915	952	1122	19,7	18,5	20,0	19,6	20,6
c) von europäischen Ländern überwiegenden Seehandels	763	793	837	921	969	17,8	18,6	18,3	18,9	17,8
d) von europäischen Ländern überwiegenden oder ausschließlichen Landhandels	1302	1243	1296	1376	1485	30,5	29,3	28,5	28,3	27,4
Zusammen	4285	4246	4558	4864	5439	100	100	100	100	100

Die Ausfuhr	In Millionen Mark 1894	1895	1896	1897	1898	In Prozenten des Gesamthandels 1894	1895	1896	1897	1898
a) nach außereuropäischen Ländern	609	795	846	828	804	19,9	23,5	22,6	21,7	20,0
b) nach europäischen Ländern ausschließlichen oder fast ausschließlichen Seehandels	906	959	1004	1058	1195	29,7	27,9	26,6	28,1	29,7
c) nach europäischen Ländern überwiegenden Seehandels	364	407	549	547	628	11,9	11,8	14,7	14,4	15,7
d) nach europäischen Ländern überwiegenden oder ausschließlichen Landhandels	1172	1261	1353	1352	1382	38,5	36,8	36,1	35,7	34,5
Zusammen	3051	3422	3752	3785	4009	100	100	100	100	100

auf die im Vorstehenden entwickelten Ursachen, die deutsche Politik, die deutsche Auswanderung, das großartige Emporkommen der deutschen Industrie zurückzuführen.

Während der Handel, die Schiffahrt, die Reederei der Ostseestädte durch das — von der seit 1879 betriebenen deutschen Zollpolitik — beschleunigte Aufhören der Getreide- und Holzausfuhr in schwere, noch am Schluß des Jahrhunderts nicht überwundene Bedrängnisse gerieten, wurden Hamburg und Bremen von einer kräftigen, wohlthätigen Welle gehoben. Der Schiffsverkehr der Häfen nahm in staunenswertem Maße zu. Schiffe aller Flaggen verkehrten in den Hansestädten, namentlich in Hamburg.

Und noch in einer anderen Weise hatte der politische Aufschwung Deutschlands eine äußerst wohlthätige Rückwirkung auf die Schiffahrt. Die deutsche Handelsflagge wurde seit der Einigung des Vaterlandes ganz anders respektiert als vorher. Alle Welt fühlte, daß das mächtige Deutsche Reich hinter ihr stand und niemand sich an ihr vergreifen durfte. Es ist wahr, auch bis 1866 haben die hamburgischen und bremischen Schiffe kaum irgendwo sich über unfreundliche Aufnahme zu beklagen gehabt. Der gänzliche Mangel politischer Gelüste stand den hanseatischen Kaufleuten an der Stirn geschrieben. Als tüchtige, solide, ruheliebende Bürger waren sie aller Welt willkommen. Namentlich in Nordamerika und den englischen Kolonien konnten sie und können sie noch heute auftreten wie Landesangehörige. Aber vor 1866 haftete ihnen doch das Gefühl an, sich auf große, weltumspannende Unternehmungen gar nicht oder nur als bescheidene Privatleute unter dem Schutze einer fremden Macht einlassen zu dürfen. Das Bewußtsein, von der Flagge einer Großmacht gedeckt zu werden, hat Unternehmungen gezeitigt, an die man früher gar nicht denken konnte.

Im Verkehr mit Südamerika trat das wenig, mit Nordamerika gar nicht hervor; auch die Eröffnung der Kolonialpolitik hat Schiffahrt und kaufmännische Unternehmungen wenig beeinflußt. Aber eine so bedeutungsvolle Sache, wie die Errichtung regelmäßiger Dampferlinien nach Ostasien, Australien und Ostafrika war nur möglich durch den unmittelbaren finanziellen Rückhalt an dem Deutschen Reiche. Die Subventionsfrage wird im dritten Kapitel dieser Arbeit kurz zu berühren sein. Hier ist nur die politische Seite hervorzuheben. Die Möglichkeit regelmäßiger Postdampferlinien von Deutschland nach dem fernen Osten ist erst durch den Reichszuschuß geschaffen worden. Und ebenso als Folge davon der Ankauf zweier ganzer englischer Gesellschaften mit 26 Dampfern im indischen und ostasiatischen Küstenverkehr, die Errichtung einer regelmäßigen Flußschiffahrt auf dem Jangtsekiang, die Ausdehnung des Küstenverkehrs nach Japan und bis Wladiwostok. Die deutsche Dampferflagge steht dort jetzt völlig ebenbürtig neben der englischen. Pessimistische englische Übertreibungen gehen sogar so weit, die deutsche Flagge in jenen Gewässern als die überlegene zu schildern und England vor Überflügelung zu warnen.

So rückhaltslos dies anzuerkennen ist, so ist doch andererseits mit dem größten Nachdruck zu betonen, daß die Staatshilfe unserer Zeit den eigentlichen Kern der Selbständigkeit, der wirtschaftlichen Unabhängigkeit und Selbstverantwortlichkeit unserer Handelsflotte nicht berührt hat. Nur die drei Linien nach Ostasien, Australien und Ostafrika, die nicht aus Rücksicht auf die Reederei, sondern aus anderen Gründen errichtet sind, genießen Unterstützung. In allem übrigen ist die deutsche Reederei auf Selbsthilfe angewiesen.

So sind denn die politischen Verhältnisse, die der Ostseereederei im letzten Vierteljahrhundert zum Unheil ausgeschlagen sind, einem erwärmenden Golfstrom vergleichbar, der Hamburg und Bremen ausnehmend begünstigt hat.

Zeitweilig hat sich Bremen eifriger der Reederei gewidmet als Hamburg, zum Teil weil es mit glücklicherem Griff und angemesseneren obrigkeitlichen Bestimmungen das Auswanderungsgeschäft ergriffen hatte, zum Teil weil Hamburg durch seine leichteren kaufmännischen Gewinne mehr auf den Handel als auf die Reederei gelenkt wurde. Erst in den letzten beiden Jahrzehnten überflügelt Hamburgs Reederei mächtig die der kleineren Schwesterstadt.

An dieser Stelle seien nur einige wenige Daten mitgeteilt; diejenigen für Hamburg beginnen erst mit 1836, da frühere nicht vorhanden sind. Es betrugen die Handelsflotten nach der Statistik der betr. Einzelstaaten:

Hamburgs			Bremens		
Ende	Schiffe	Reg.-T Netto	Ende	Schiffe	Reg.-T Netto
			1805	173	28 500
			1825	99	14 600
			1836	133	24 900
1849	286	61 540			
			1852	279	123 633
1869	473	191 131			
			1872	252	174 265
1882	491	288 236	1882	344	299 397
1892	605	591 180	1892	405	406 172
1900	793	988 854	1900	402	541 796

Die Reederei der mecklenburgischen, schleswig-holsteinischen, hannoverschen und oldenburgischen Häfen steht in ihren Schicksalen derjenigen der pommerschen und preußischen Häfen näher. Soweit diese Häfen an der Ostsee liegen, bedarf das hier kaum einer weiteren Begründung. Nur Flensburg macht eine bemerkenswerte Ausnahme. Durch große Rührigkeit ausgezeichnet, hat es sich (im Verein mit Apenrade) seit lange an der chinesischen Küstenfahrt beteiligt, aber auch, gestützt auf seinen Schiffsbau, viele andere Zweige der Reederei betrieben. Umgekehrt hat Lübeck seit Jahrhunderten die Reederei stark vernachlässigt. Ende 1899 besaß es nur noch 1 Segelschiff und 26 Dampfer von zusammen 14503 Registertonnen Brutto. Unter den Nordseehäfen, abgesehen von den beiden Hansestädten, hat sich namentlich der oldenburgische Weserhafen Elsfleth, obwohl er fast allen Seeverkehr verloren hat, zu einem bedeutenden Reedereiplatz emporgearbeitet. Er besitzt allerdings fast nur Segelschiffe. Die 218 Segelschiffe von 70055 Registertonnen, die Oldenburg Ende 1899 besaß, fallen wesentlich auf Elsfleth. Es sind zum großen Teil mittlere und kleinere Schiffe, die auf Aventurefahrt ausgehen. Brake besitzt eine kleinere, auf europäische Häfen gerichtete Dampfschiffahrt, Nordenham eine kleine Fischdampferflotille. In Hannover besteht die Reederei aus vielen sehr kleinen Schiffen, nämlich 783 Seglern von zusammen nur 49343 Registertonnen und 58 Dampfern (fast lauter Fischdampfern) von 42462 Registertonnen Brutto.

Es ist nun noch der Gang der Dinge in der Nordsee dem an der Ostsee gegenüber zu stellen. Die deutsche Nordseeküste besaß nach der deutschen Reichsstatistik:

Anfang	Segler		Dampfer		Zusammen	
	Schiffe	Tonnen	Schiffe	Netto-Tonnen	Schiffe	Tonnen
1873	2304	435 367	114	108 875	2418	544 242
1875	2318	440 019	175	157 450	2493	597 469
1877	2527	488 170	177	144 973	2704	633 143
1879	2573	535 954	181	137 117	2754	673 071
1881	2536	577 704	213	160 556	2749	738 260
1883	2362	573 651	262	228 759	2624	802 410
1885	2238	564 837	329	295 283	2567	860 120
1887	2127	554 867	363	333 170	2490	888 037
1889	1964	525 740	408	382 477	2372	908 217
1891	1894	523 729	518	574 522	2412	1 098 251
1893	1982	564 232	594	629 739	2576	1 193 971
1895	1992	541 944	653	734 054	2645	1 275 988
1897	2043	520 914	737	747 142	2780	1 268 056
1899	2059	552 300	796	867 534	2855	1 419 834
1900	2066	586 583	853	970 130	2919	1 519 048

Der Kontrast zu den rückgängigen Verhältnissen der Ostsee ist sehr stark. Sogar die Segelflotte der Nordsee ist unter Umständen, die ihr im allgemeinen nicht günstig waren, noch vorwärts gekommen und hat erst 1900 ihren höchsten Stand erreicht. Das machen die ganz großen eisernen Schiffe, die noch immer mit Gewinn bewirtschaftet werden können; deren Zunahme deckt die Einbuße an kleineren und mittleren Schiffen reichlich. Die Dampferflotte ist nur einmal, nur während der Handelskrise um die Mitte der siebziger Jahre, in ihrem Voranschreiten unterbrochen worden.

Zweites Kapitel.

Die Umgestaltung des Schiffes, des Schiffsbauwesens, der Hafeneinrichtungen und der Wasserstraßen (für Seeschiffe).

Das 19. Jahrhundert hat tiefergreifende Umgestaltungen in der Seeschiffahrt gesehen als drittehalb Jahrtausende vor ihm. In diesem ganzen Zeitraum hat das Ruderschiff das Mittelmeer beherrscht. Die Entwicklung von der attischen Triere bis zur venetianischen Galeere enthält nur zwei Momente von Bedeutung. *Das eine ist der durch Andrea Doria* bewirkte Ersatz des unverstellbaren lateinischen Segels durch verstellbare Segel, welche Segelmanöver ermöglichten. Das andere betrifft nur den Seekrieg: die Einführung der Feuerwaffen. Für den Seehandel macht sie wenig aus. Das Segelschiff der Nord- und Ostsee und des atlantischen Ozeans hat sich von den gallischen Fahrzeugen zu Cäsars Zeit, von den (angeblich verdecklosen) Wikingerschiffen der Skandinavier, den Koggen des Mittelalters und der Renaissance mit den hohen Deckaufbauten auf dem Hinterteil und den Rahen am Bugspriet zu den Schunern, Briggs, Barken und Fregatten emporgearbeitet: die nautischen Grundprincipien blieben dieselben. Auf Astrolabium, Kompaß, Sextant und Chronometer (der beim Schwanken des Schiffes den gleichen Pendelgang bewahrt) einzugehen ist hier nicht der Ort. Alle Schiffe früherer Jahrhunderte sind ausnahmslos von Holz, das 19. brachte das Eisen als Baumaterial; es brachte der Seeschiffahrt auch den Dampf, erst den Raddampfer, dann das Schraubenschiff. Es brachte auch eine Verkehrszunahme, die es ermöglichte, Riesenfahrzeuge zu bauen, neben denen sich die großen Schiffe alter Zeiten recht winzig ausnehmen müßten.

Zur Schilderung der alten Zeit gebe ich zwei Männern das Wort, die sie selbst erlebt und doch den Umschwung bis zur Gegenwart gesehen haben. Der erste ist der bekannte Hamburger Reeder R o b. M. S l o m a n,

Sohn des gleichnamigen Gründers der ersten regelmäßigen Segelschiffahrt zwischen Hamburg und Amerika und Mitgründers der späteren Hamburger Packetfahrt Aktien-Gesellschaft. Er schreibt in einem Feuilleton-Cyclus in der Hamburger Börsen-Halle vom September 1890, den ich hoffentlich hierdurch der Vergessenheit entreiße, folgendes:

„Nicht allein was Anzahl und Größe der Schiffe anbetrifft, sondern auch in jeder anderen Beziehung ist kaum eine Parallele zwischen der damaligen Reederei und der jetzigen zu ziehen. Alles war verschieden, Material, die Handhabung desselben, die Navigation, kurz es waren die verschiedensten Zustände verglichen mit der Gegenwart. Etwas besonders Charakteristisches war der Umstand, daß es damals mit wenigen Ausnahmen keine Reederei im eigentlichen Sinne des Wortes gab. Es waren mehr Schiffseigentümer als eigentliche Reeder. Häuser von Bedeutung besaßen stets ein oder mehrere Schiffe; ich glaube fast, man war der Ansicht, daß es zur Stellung derselben gehöre. In wenigen Fällen mögen auch geschäftliche Interessen vorgelegen haben, aber in den meisten Fällen hatten die sogenannten Reeder doch keine selbständige Kenntnis von dem Geschäft. Sie waren mithin ganz von dem Urteil ihrer Kapitäne abhängig .... Es war zu komisch, wenn Kaufleute glaubten, ein gediegenes Urteil über ein gegebenes Schiff durch seine äußere Beschaffenheit abgeben zu können. Ein bedeutendes Haus stand im Begriff, ein Schiff zu kaufen; der Senior desselben, ein alter Herr, hielt sich für verpflichtet, es zuvor zu besichtigen. Nachdem er Kajüte und was dazu gehört, in bester Ordnung befunden, das Schiff überhaupt einen guten Eindruck auf ihn gemacht hatte, wollte er sich noch von der Solidität der Bauart überzeugen, indem er wiederholt mit seinem spanischen Rohr auf das Verdeck stampfte. Da dieses nicht davon bewegt wurde, sprach er das Urteil: „ein starkes Schiff", worauf es gekauft wurde." In Bremen sei eine wirkliche Reederei bereits mehr ausgebildet gewesen, namentlich habe man alte Schiffe meist für den Holztransport nach Norwegen verkauft und nicht den meist verfehlten Versuch einer „Neureparatur" gemacht.

Das Normalschiff der dreißiger Jahre sei 200, selten 300 Registertonnen groß gewesen. „Seine Ladefähigkeit war aber nicht einmal diesem Maß entsprechend, da es gar keine Aufbauten auf dem Verdeck hatte und daher den besten Teil des Zwischendecks die Kajüte, Volkslogis, Segel- und Proviantkammern einnahmen. Außerdem nahm der große Pumpsood wegen der unbeholfenen Pumpen einen bedeutenden Raum vom Oberdeck bis zum Boden des Schiffes in Anspruch. Dasselbe Schiff nach jetzigen Principien gebaut, würde unbedingt einen um 30 % größeren Laderaum haben als das damalige, und eine Fracht von 60 M. per Tonne entsprach also in Wirklichkeit nur einer gegenwärtigen von 45 M. Die Pumpen bestanden aus ausgebohrten Baumstämmen mit der einfachsten Pumpvorrichtung; es wurde mit einem Schwengel gearbeitet. Das Schiff wurde mit einer gewöhnlichen Pinne gesteuert, ohne jegliche andere mechanische Hilfe als bei schwerem Wetter gewöhnliche Blöcke und Taljen. Die größten Schwierigkeiten bot der Anker von der schwerfälligsten Gestalt mit dem dicken hanfenen Ankertaue. Derselbe hing an einem ebenso schwerfälligen und schwer zu handhabenden Krahnbalken; den Anker in Sicherheit zu bringen war daher eine nicht leichte Arbeit. Das schlimmste aber war das 10—20 Zoll dicke (d. h. im spiralischen Umfang gemessen. E. F.) hanfene Ankertau. Dasselbe mußte mit dem gewöhnlichen Bratspill (d. h. einem horizontalen Wendebalken. E. F.), wie man sie jetzt noch bei Ewern und Leichterfahrzeugen sieht, aufgewunden werden und die einzige mechanische Hilfe war dabei der Hebel des langen Handspakens.

„Von der Arbeit, Anker und Tau aufzuziehen, machen sich die jetzigen Seeleute kaum einen Begriff. Man denke sich ein 12 Zoll dickes, 4—500 Fuß langes Tau vermittels einer solcher mangelhaften mechanischen Hilfe hereinzubringen und es zur selben Zeit im Kabelgat zu verstauen, so wird es leicht erklärlich, daß die damaligen Schiffe mit so großer Mannschaft fahren mußten. Diese war daher in den kleinen Schiffen am schlimmsten daran und wurde so eng wie möglich zusammengestaut. Gesetze bezüglich des derselben zu gebenden Raumes waren nicht vorhanden. Das Volkslogis befand sich in dem vorderen Teil des Schiffes, der Hinuntergang vom Deck war nur durch eine niedrige Kappe geschützt und da selbst die größten Schiffe nach unseren jetzigen Begriffen sehr kleine Fahrzeuge waren, so stand das Verdeck bei schlechtem Wetter, und auch schon bei mäßigem, stets unter Wasser; es war folglich fast unmöglich, das Hineindringen desselben in den Raum der Matrosen zu verhindern. Alte Seeleute können ein trauriges Lied davon singen und die jetzigen Matrosen beneiden, die in geräumigen, gut ventilierten und dem Seewasser nur unter ganz abnormen Verhältnissen zugänglichen Räumen leben. Die Verproviantierung der Schiffe entsprach jenen Verhältnissen. Eiserne Tanks für die Aufbewahrung des Trinkwassers wurden nicht angewandt, sondern nur hölzerne Fässer, in welchen das Wasser bei längeren Reisen, namentlich wenn sie, wie es so häufig damals geschah, mit dem gewöhnlichen Hafenwasser gefüllt worden waren, nicht selten verfaulte und, weil kein anderes Wasser vorhanden war, genossen werden mußte. Preserven und alle die jetzt angewandten nützlichen Vorsichtsmaßregeln gegen Skorbut kannte man nicht, jedenfalls kamen sie nicht in Anwendung. Die Kost bestand im wesentlichen aus gepökeltem Rind- und Schweinefleisch, Mehl und getrocknetem Gemüse. Die Rationen waren nicht durch eine Speisetaxe vorgeschriebeu, nichtsdestoweniger hatte Gebrauch und Sitte eine reichliche Kost eingeführt."

Nachdem Sloman dann die Geringwertigkeit der damaligen nautischen Hilfsmittel, der Segelanweisungen, Seekarten, Leuchttürme, Chronometer, den Mangel an Eisbrechern, die lange unfreiwillige Winterruhe geschildert, fährt er fort:

„Das Beladen und Entladen der Schiffe geschah durch die Mannschaft, die letztere wurde also nicht, wie jetzt, sofort nach Ankunft abgelohnt, sondern blieb vorläufig für mehrere Reisen auf demselben Schiffe. Die Arbeit wurde in derselben unbeholfenen Weise beschafft, wie alles übrige. Irgend andere mechanische Hilfe als die eines Flaschenzuges wurde nicht angewendet. Von Winden mit Übersetzung, Krähnen und gar Dampfwinden kannte man garnichts; alle diese mechanischen Kräfte mußten durch Menschenkräfte ersetzt werden. Wie langsam die Arbeit infolge dessen von statten ging, kann man sich denken. Die damalige Usanz, die den Ladungsinteressenten 14 Tage zum Empfange ihrer Ladung gab und unter welcher wir in späteren Jahren noch hart zu leiden gehabt haben, war den derzeitigen Leistungen der Schiffe vollständig angemessen. Die Matrosen pflegten bei ihrer Arbeit beständig zu singen, und ihr lustiger Gesang, der schon von weitem gehört wurde, wird noch manchem in Erinnerung sein. Ein bedeutender Importartikel war Zucker aus Brasilien, in unhandbar großen Kisten von 1600 bis 2000 Pfund; es war keine leichte Arbeit, diese über Bord zu setzen, und konnte überhaupt nur durch Hilfe eines zweiten Takels an Raa vollführt werden. Je schwieriger die Arbeit, desto mehr erschöpften die Matrosen ihre Kräfte mit lautem Gesange. So unpraktisch die ganze Handhabung auch war, so hatte sie doch etwas Gemütliches und Fröhliches; es war nicht wie jetzt die trockene Arbeit einer großen Fabrik.

„Die wirkliche Veränderung aller dieser Zustände hängt mit dem Zeitpunkte zusammen, wo das Eisen für die vielen Zwecke der Schiffahrt anfing, die weicheren Materiale, als Holz und Hanf, zu verdrängen. Der erste Schritt hierzu war die Einführung von Ankerketten an Stelle der Ankertaue. Dies ermöglichte sofort eine Vergrößerung der Schiffe, da, solange man sich mit Tauen behelfen mußte, die entsprechende Vergrößerung der

Mannschaft zur Unmöglichkeit wurde. Ich weiß mich noch lebhaft zu erinnern, welche Opposition gegen die Einführung der Ankerketten erhoben wurde. Selbst alte erfahrene Kapitäne zählten zu den eifrigsten Gegnern. Die Ketten, ohne jegliche Elasticität, würden das Schiff in Stücke reißen, und dergleichen Einwendungen kamen ohne Ende. Eine zweite große Erleichterung war die Erfindung der Patent-Ankerwinden von Pow und Fawcus. Diese gaben einer kleinen Mannschaft die Kraft, einen schweren Anker nebst seiner Kette zu heben und damit auch die Möglichkeit, die Schiffe entsprechend zu vergrößern. Die hölzernen Schiffspumpen und die schweren Balken-Knieen wurden allmählich durch eiserne ersetzt, und in der Weise führte eine Verbesserung zur andern.

„Die Größe der Schiffe konnte also allmählich wachsen, und Schiffe von 500 Tons gehörten nicht mehr zu den Seltenheiten. In der Verbesserung des Schiffsbaues nahmen die Vereinigten Staaten die eigentliche Führung. Von dorther kam eine der größten Verbesserungen, nämlich für die Kajüten und das Volkslogis Häuser auf dem Verdecke zu bauen. Nicht nur, daß die Schiffe dadurch an Raum, namentlich für leichte Güter, gewannen, sondern es trug auch zur Bequemlichkeit und Gesundheit der Mannschaft sehr viel bei. Es wurde bei uns und in Bremen Sitte, hauptsächlich amerikanische Konstruktion zum Muster zu nehmen, auch äußerlich versuchte man den Schiffen das amerikanische Aussehen zu geben. In der Vergrößerung der Schiffe ging man ebenfalls dort voran. Schon zu Anfang der vierziger Jahre erregte der große Amerikaner „Rappahannock", der für die Baumwollfahrt gebaut war und, wenn ich nicht irre, über 4000 Ballen New-Orleans-Baumwolle laden konnte, ein besonderes Aufsehen. Durch Einführung vieler mechanischen Hilfeleistungen wurde es ihnen möglich, ihre Schiffe zu vergrößern, ohne die Besatzung in dem Maße zu vergrößern. Patentblöcke mit Kugellagern für die Scheibe wurden angewandt, Radwinden, um das Steuer zu bewegen, ersetzten die einfachen Pinnen; dazu kamen noch die doppelten Marsrahen und bessere mechanische Vorrichtungen, um die Pumpen zu bewegen. Mit einem Wort, wie man bis zum Anfang der zwanziger Jahre an gar keine Verbesserungen gedacht hatte, so wurde es jetzt Aufgabe der Schiffsbauer — ich sollte wohl sagen Architekten, denn die reine Empirik wurde allmählich durch wissenschaftliche Kenntnisse ersetzt —, den Bau eines Schiffes womöglich zu verbessern. In der äußeren Form machten die sogenannten Klipperschiffe, welche zunächst durch die Goldentdeckungen in Kalifornien und Australien hervorgerufen wurden, die erste große Veränderung. Die Fahrt mit diesen wurde während vieler Jahre mit Erfolg betrieben, aber ihre Form war nicht die ganz praktische, und so wurden sie in kurzer Zeit modifiziert, indem man bald einsah, daß das profitable Kauffahrteischiff nicht allein ein rascher Segler, sondern auch ein Lastträger sein muß. Beides läßt sich erfahrungsmäßig nur bis zu einem gewissen Grade vereinigen. Unsere jetzigen Schnelldampfer sind mehr oder weniger die Klipperschiffe der damaligen Zeit in ihrer höchsten Vollendung, aber für allgemeine Zwecke werden sie ebensowenig wie jene dienen können, sondern nur für den Transport von Passagieren und den allerfeinsten Gütern. In jeder anderen Beziehung gehört ihnen wahrscheinlich nicht die Zukunft.

„Gleichzeitig entwickelte sich allmählich die Dampfschiffahrt, aber sie blieb neben den Segelschiffen bis zu den letzten zwanzig oder dreißig Jahren mehr oder weniger nebensächlich und übernahm noch nicht wie jetzt die Führung. Ungefähr um das Jahr 1824 eröffneten die Londoner Dampfschiffe „Hilton Joliffe" und „Sir Edward Banks" die erste reguläre Seedampfschiffahrt von Hamburg. Klein und unbedeutend wie diese Schiffe waren, erregten sie zu jener Zeit doch die größte Bewunderung. Das Passagegeld mit einem dieser Schiffe nach London betrug 10 Guineen oder 210 Mk.; Güter bezahlten 1 Schilling pro Kubikfuß oder 2 Pfund Sterling pro Tonne. Jetzt ist das Passagegeld in wirklich schönen und großen Schiffen 30—40 Mk. und die Fracht von 7 bis 10 Schilling pro Tonne. Allmählich wurden weitere Dampfschiffslinien eingerichtet, z. B. nach Amsterdam, nach Hull und anderen englischen Häfen, sowie nach Havre. Leider nahm aber die Hamburger Reederei noch bis zum Ende der dreißiger Jahre keinen Anteil daran. Im Jahre 1839 bildete sich indessen durch die Bestrebungen meines Vaters die erste hamburgische, die „Hanseatische Dampfschiffahrtsgesellschaft", zwischen Hamburg und Hull fahrend. Der große Verkehr zwischen diesen beiden Plätzen war in den Händen von verschiedenen englischen Dampfer-Compagnien, nichtsdestoweniger war es hamburgisches Geschäft, welches sie unterhielt, und so lag der Wunsch sehr nahe, selbst die Beförderung der eigenen Güter zu übernehmen. Es mag als bezeichnend für die derzeitigen kleinen Verhältnisse dienen, daß es allgemeines Staunen erregte, wie mein Vater es wagen konnte, für das Unternehmen die für jetzige Verhältnisse unbedeutende Summe von 75 000 Mk. zu zeichnen. Das ganze Aktienkapital der Gesellschaft war ungefähr 300 000 Mk. Banko."

Der andere Augenzeuge der alten Zeit ist der 1812 geborene Schiffskapitän Joh. Friedr. Meyer, der am 19. Oktober 1895 seine diamantene Hochzeit feierte und an diesem Tage dem bremischen Senat seine Lebenserinnerungen übergab. Sie werden im bremischen Staatsarchiv ungedruckt aufbewahrt. An allgemeiner Bedeutung reichen sie nicht an die Slomanschen Mitteilungen heran. Doch ist als bemerkenswert hervorzuheben, daß Meyer, ohne eine Navigationsschule zu besuchen, Steuermann und Kapitän wird, sowie vor allem, daß er 1839 nach Finland gesandt wurde, um dort bei einer von ihm auszuwählenden Werft einen „großen Dreimaster" bauen zu lassen. Er reist hin, besucht alle Werften, kann aber keinen ihm zusagenden „Entrepreneur" finden und entschließt sich endlich, durch einen kleinen Werftbesitzer den Bau derart ausführen zu lassen, daß er, Meyer, alle Materialien kauft und der Werftbesitzer sie verarbeiten läßt. Er chartert ein Schiff von 100 Last, sendet es mit Teer, Pech, Pottasche nach Bremen und läßt sich verschiedene erforderliche Baumaterialien, u. a. Kupferungsmetall, Eichenholz zu Steven, Bratspill und Eselshaupt, nach Finland kommen. Das Eisen bezieht er aus Stockholm, Segeltuch und Tauwerk kauft er persönlich in Petersburg ein, letztere Waren werden mit Schlittenkarawanen hingebracht, die Segel schneidet er selbst zu, weil eigene Segelmacher in Finland noch nicht existierten. Das Schiff ist auch seetüchtig geworden und gelangt in 9 Tagen nach Bremen. Gegenüber der großartigen technischen und wissenschaftlichen Entwicklung des Schiffsbaus in unserer Zeit verdienen diese primitiven Verhältnisse wohl hervorgehoben zu werden.

Wie notfalls ein Schiffsbauer, so war der Kapitän oft auch ein kaufmännischer Vertrauensmann des Reeders, ein Superkargo für ins Ausland gehende Waren, ein bevollmächtigter Einkäufer für Importladungen. Das Frachtgeschäft verband sich mit der Warenspekulation. Der Kapitän kaufte gegebenenfalls eine Ladung Roggen in Archangel, Weizen in Odessa, Pottasche in Petersburg, Hanf in Riga, Guano in Callao, Salpeter in Valparaiso, Reis in Akyab. Er ging auch wohl mit Kohlen von Newcastle oder mit Salz von den Kapverdischen Inseln nach Gegenden, wo Bedarf für solche Dinge vermutet wurde und wo eine Rückfracht nach der Heimat, nach Europa in Aussicht stand.

Der erwähnte Kapitän Meyer erzählt manche Vorfälle dieser Art. Z. B. kauft er in Newcastle Steinkohlen zu 7 Schillinge die Tonne und verkaufte sie in Odessa zu 38½ Schillinge, so daß er die Riesenfracht von 31½ Schillinge macht, die heute nicht einmal für die größten Entfernungen bewilligt wird. Er errichtet sogar im Auftrage seines Reeders in Odessa eine Ochsen- und Schweineschlächterei und kommt mit dem gesalzenen Fleisch, dem Talg, den Häuten u. s. w. wohlbehalten in

Bremen an, wo die Waren mit gutem Nutzen verkauft werden. Später ist er für einen Duisburger Reeder als Auswanderungsagent in Südrußland aufgetreten und hat die Passagiere mit Fuhrwerk und Eisenbahnen bis Mainz gebracht, von wo sie zu Schiff nach Rotterdam gehen, um nach Amerika befördert zu werden. — Seitdem die telegraphischen Verbindungen die ganze Welt umspannen, hat der Kapitän derartige Funktionen ohne Ausnahme abgegeben. In der großen Reederei wird ihm sogar meistens die Verfrachtung des Schiffes abgenommen. Der Reeder in Hamburg oder Bremen disponiert durch den elektrischen Draht — die große Centralbörse derartiger Verfrachtungen ist in London — über ein Schiff, das von New-York mit Petroleum nach Yokohama unterwegs ist, und wenn das Schiff ankommt, findet der Kapitän meist die abgeschlossene Verfrachtung seines Schiffes vor, z. B. von San Francisco, wohin er in Ballast zu segeln hat, mit Weizen nach „Falmouth for order"; in letzterem Hafen erwartet ihn die telegraphische Nachricht, ob er nach Liverpool, London, Havre, Rotterdam oder Hamburg gehen soll.

Ein sehr wichtiger Umstand für die Schiffahrt und den Schiffsbau bis über die Mitte des Jahrhunderts hinaus war die geringe Tiefe vieler Häfen, namentlich der westindischen und südamerikanischen, auch zahlloser europäischer und selbst solcher nordamerikanischer wie Charleston und Savannah. — Sie zwangen dazu, im Tiefgang der Schiffe ganz mäßige Grenzen inne zu halten. Ebenso der mangelhafte Zustand vieler Zufahrtstraßen (Flußmündungen, Kanäle u. dgl.). Trockendocks kannte man nicht; zum Kupfern wurden die Schiffe schwimmend auf die Seite gelegt; für kleinere genügten sogar Erdwinden, um sie auf schlickiger schräger Uferfläche bis ins Trockene emporzuziehen.

Wie sich die ganzen Verhältnisse aus diesem altertümlichen Zuschnitt emporgerungen haben, glaube ich hier nicht schildern zu sollen, zumal sich das weniger in einzelnen Stadien und vollends nicht sprungweise, sondern allmählich vollzog. Nur ganz wenige Marksteine mögen aufgestellt werden:

1807 wurde zum erstenmal (auf dem Hudson) die Dampfkraft zur Schiffsbewegung angewandt. Schon 1817 gab es Flußdampfer in regelmäßiger Fahrt auf der Unterweser.

1819 fuhr das erste Dampfschiff über den Ozean, noch ein Raddampfer, der bei hohem Wellengang stets Gefahr lief, das aus dem Wasser auftauchende Rad wegen plötzlich aufhörenden Wasserwiderstandes durch vermehrte Schwungkraft zu verlieren.

Erst 1838 wagte sich das zweite Dampfschiff über den Ozean. In demselben Jahre gelang es nach vergeblichen Versuchen, das erste Schraubenschiff zu erbauen. Bald sollte die Schraube ihren Siegeszug antreten. Der erste Schraubendampfer, „Archimedes", maß nur 240 Tonnen.

1826 wurde die erste regelmäßige Segelpacketfahrt zwischen Bremen und den Vereinigten Staaten eingerichtet. 1828 eine solche (unter amerikanischer Flagge) zwischen Hamburg und den Vereinigten Staaten; letztere dauerte nur bis 1830.

1845 schrieb das amerikanische Postamt die erste Postdampferverbindung mit dem europäischen Kontinent aus. Bremen erhielt die Verbindung. Die Gesellschaft wurde nach großen Schwierigkeiten als amerikanische Aktiengesellschaft mit europäischem und amerikanischem Kapital, größtenteils staatlichem, gegründet. 1847 mit nur 2 Dampfern der Betrieb eröffnet; 1853 erloschen.

1848 eröffnete die 1847 mit nur 465 000 Mk. Aktienkapital gegründete Hamburgisch-Amerikanische Packetfahrt nur mit Seglern den Betrieb.

1850 ließ Sloman das erste Dampfschiff unter hamburgischer Flagge nach New-York abgehen. 1853 eröffneten zwei Dampfer der ehemaligen deutschen Kriegslotte unter Bremer Flagge die Fahrt nach New-York; sie eigneten einem Privatreeder.

1856 Beginn der nordamerikanischen Dampfschiffahrt der Hamburg-Amerika-Linie.

1857 Gründung des Norddeutschen Lloyd, der ersten transatlantischen Dampfergesellschaft unter Bremer Flagge.

In dieser Zeit wuchs das Segelschiff ununterbrochen. Vor zu großen Schiffen empfanden Reeder und Kapitäne eine starke Scheu. Denn bei der Geringfügigkeit der zu verladenden Warenmengen wollte niemand der erste sein, der einem großen Schiff Ladung anvertraute. Man fürchtete, es könne lange Zeit, Monate lang, liegen bleiben, ehe es volle Ladung habe und segeln könne. Allmählich nahm das zu transportierende Güterquantum stark zu und jetzt ist kein Schiff zu groß, wenn es nur in der richtigen Fahrt ist. Wirklich verfehlt war der Versuch mit dem Raddampfer „Great Eastern", einem 1857 von Stapel gelassenen Riesenschiff, dessen Dimensionen erst heute wieder erreicht werden. Seine Länge betrug 207,25 Meter, seine Breite 36,6 Meter, das Deplacement 27 400 Tonnen, die Pferdestärken der Maschinen nur 3600, dennoch wurde die große Geschwindigkeit von 14 Knoten erreicht, freilich bei einem Kohlenverbrauch auf der Aus- und Heimreise nach New York von 7200 Tonnen! Er war auch im Bau verfehlt, hatte eine unsinnige Raumtiefe und dabei war nach heutigen Verhältnissen die Anzahl von Pferdekräften sehr klein. Damals schadete ihm auch sehr stark der Umstand, daß kein Ablader auf eine baldige Abfahrt zählen konnte. Es hat nur wenige Reisen über den Ozean gemacht, Jahre lang still gelegen, ist dann wiederholt zum Kabellegen benutzt und 1891 auseinander geschlagen worden.

Erst 1890 erlangt die Dampferflotte, nach Brutto-Registertonnen, das Übergewicht über die Handelsflotte. Bis dahin behauptete das Segelschiff den Vorrang.

Lange war das hölzerne Segelschiff ohne Nebenbuhler; erst zu Ende der fünfziger Jahre ging man zum Bau eiserner Segler über. So lange Holz das Baumaterial blieb, war Großbritannien nicht das begünstigtste Land für den Schiffsbau. Es mußte das Eichenholz samt Masten und Rahen importieren. Der Vorrang fiel den Vereinigten Staaten und Deutschland, in den siebziger Jahren in plötzlichem Aufflammen noch einmal Italien zu, ehe der Holzbau für die große Reederei gänzlich erlosch. Die Vereinigten Staaten haben ausgiebigen Gebrauch von ihren damals noch wenig gelichteten Eichenwäldern gemacht. 1859 besaßen sie (einschließlich der damals noch nicht bedeutenden Flotte auf den großen Binnenseen) nahezu so viel Schiffsraum wie England, nämlich 5 145 000 Registertonnen: England und seine Kolonien 5 609 000.

Der Ausbruch des amerikanischen Bürgerkrieges und die südstaatlichen Raubkreuzer („Alabama", „Shenandoah" u. s. w.) führten zu einer schweren Schädigung der nordamerikanischen Handelsflotte. Teils durch Zerstörung, teils durch Verkauf in neutrale Hand (aus Furcht vor Zerstörung) verlor sie 650 000 bis 700 000 Tonnen. Der zweite Grund war der Übergang zum Eisenbau, der die größten natürlichen Vorteile wieder auf die Seite Englands brachte.

In den fünfziger Jahren gelangte das hölzerne Segelschiff noch zu einem neuen Typus, dem in Nordamerika poussierten „Klipper". Hauptsächlich für die Theeeinfuhr baute man diese scharfen, außerordentlich stark betakelten Schiffe, die Reisen von damals ungeahnter Schnelligkeit machten. Indes war ihre Ladefähigkeit sehr gering, ebenso ihre Sicherheit im Sturm, so daß man von dem Typus bald zurückkam. Inzwischen errangen die Dampfer die Herrschaft auch über dieses Gebiet, obgleich geweissagt wurde, Thee würde nie mit Dampfern befördert werden können, ohne den Geruch von der Maschine anzunehmen.

Von 1840 bis 1870 sehen wir die Segelschiffahrt in ihrer glänzendsten Entwicklung. Die Dampferflotte wuchs erst ganz allmählich. Selbst 1874 war die Segelflotte noch mehr als viermal so groß wie die Dampferflotte (Netto). Die weiten Reisen hatten der ersteren ganz neue Gebiete erschlossen: Transport von Auswanderern nach Kalifornien und Australien infolge der Goldfunde; Salpeter- und Guanofrachten von der Westküste Südamerikas nach Europa; Reis von Hinterindien; Wolle von Argentinien, Kapland und Australien; Holz von Ost- und Westkanada nach verschiedenen Ländern; seit 1866 spielen auch die Petroleumfrachten von Nordamerika um die ganze Welt eine große Rolle für die Segelschiffahrt, bis dann der Tankdampfer den Segler auch hier verdrängt; endlich Steinkohlen von England um die ganze Welt.

Als die Frage des Eisenschiffsbaus aufs Tapet kam, nahm so ziemlich der ganze alte Schifferstand gegen ihn Partei. Vor allen Dingen befürchtete er, daß man auf hoher See den Leck eines eisernen Schiffes nicht würde stopfen können, daß der Kompaß durch die Eisenmasse in Verwirrung gebracht würde und daß die Innenseite der Eisenwände Wasserdunst zum Niederschlag bringen und durch dessen Abtropfen die Ladung leiden müsse. Von diesen Übelständen ist die Eigenwilligkeit des Kompasses völlig überwunden, die beiden anderen hat man teilweise durch Erfahrung besiegt, jedenfalls haben sie den Sieg des Eisens nicht aufgehalten. Ähnliche Klagen der Vertreter des Alten ertönten gegen eiserne Masten, eiserne Rahen, Drahttauwerk und Ankerketten; man würde sie im Notfalle nicht „kappen“, nicht „slippen“ können, um das Schiff von ihnen frei zu machen. Auch dafür sind Vorkehrungen getroffen. Das eiserne (später auch das stählerne) Schiff erwies sich als dem hölzernen weit überlegen, und jetzt werden in Ländern vorgeschrittenen Schiffsbaus wohl keine großen Holzsegler mehr gebaut.

Für die Besatzung sind durch diese Wandlungen die Wohn- und Arbeitsverhältnisse immer besser geworden. Der Schilderungen der alten Zeit durch Sloman wurde schon gedacht. Größere Schiffe erhielten statt des glatten Deckes ausnahmslos Deckhäuser: Hinten die Kajüte für die Offiziere, die Karten und die Navigation, auch für etwaige Kajütspassagiere. Vorn die „Back“ für die Mannschaft; vom Dach des einen zum Dach des anderen gehend die „Brücke“, auf der der dienstthuende Offizier steht. An die Stelle der Ruderpinne trat das Rad, dem alsbald auch ein Häuschen gebaut wurde, so daß der Mann am Steuer gegen Wind und Regen geschützt stand. An Stelle der hölzernen Wasserfässer traten eiserne Wassertanks, in denen sich das Wasser länger hielt. Die

Abkürzung der Reisen verringerte die Belästigung durch verderbendes Wasser, durch lange konservierte Lebensmittel und die daraus entspringenden Krankheiten. Früher mußte die Mannschaft in die Rahen hinauf, um die Segel auszusetzen oder einzuholen. Das wird jetzt bei den neuen großen Schiffen, die Patentrahen haben, vom Deck aus besorgt, so daß die Mannschaft manchen Gefahren enthoben wird, obgleich die Besatzung relativ schwächer ist als früher. In gleicher Richtung wirken eigene Dampfmaschinen zum Aufholen des Ankers, die jetzt auch auf großen Segelschiffen so gewöhnlich sind, daß Schiffe ohne solche manchmal keine Mannschaft bekommen können.

Ein weiterer Nachteil der eisernen Schiffe ist, daß sie nicht gekupfert werden können und daher nach einiger Zeit einen sehr starken Ansatz von Muscheln und sonstigen maritimen Organismen bekommen, der ihre Geschwindigkeit verringert. Der Versuch, die Vorteile des Holzschiffsbaus mit denen des Eisenschiffsbaus zu verbinden, indem man Kompositionsschiffe konstruierte, hat sich nicht bewährt. Ebensowenig gelang es, des Übels durch besondere Schiffsbodenfarben Herr zu werden. Die Reinigung des Bodens im Trockendock ist die einzige Hilfe geblieben. Da Trockendocks sich jetzt in allen der Schiffahrt zugänglichen Teilen der Erde befinden, so ist hieraus kein entscheidender Grund gegen den Eisenbau erwachsen.

Ebensowenig hat sich der zu Anfang der neunziger Jahre gemachte Versuch bewährt, Segelschiffen eine Hilfsschraube zu geben, um durch sie die Fahrt durch das windstille Rote Meer und die Überwindung sonstiger Windstillen zu ermöglichen, im übrigen aber beim Segeln zu bleiben. Ein prachtvolles Schiff dieser Art, „Maria Rickmers", ist auf der ersten Reise im Indischen Ozean verschollen, womit natürlich nicht gesagt sein soll, daß dies eine Folge der Hilfsschraube war.

Eins der vorzüglichsten Beispiele der Erfolge der neuzeitlichen Segelschiffsbaukunst ist der 1895 für Rechnung der Hamburger Privatreederei F. Laeiß bei F. Tecklenborg in Geestemünde erbaute Fünfmaster „Potosi". Dieses zu einer gewissen Berühmtheit gelangte Schiff ist 112 Meter lang, 15,1 Meter breit, hat eine Raumtiefe von 8,7 Metern und in beladenem Zustande einen Tiefgang von 7,9 Metern. Es mißt 4026 Tonnen Brutto und 3854 Tonnen Netto und ladet nicht weniger als 6200 Tonnen Schwergut. Seine Besatzung beträgt 44 Mann. Die „Potosi" ist bisher immer zwischen Hamburg und der Westküste Amerikas gefahren und gebraucht zu einer Aus- und Heimreise nur etwa 6 Monate (vom 17. März bis 23. August 1900, also nur 5 Monate 6 Tage). Die beiden letzten Rundreisen sind innerhalb eines Jahres zurückgelegt: eine einzig dastehende Leistung.

Nur kurze Zeit wurde die Segelschiffahrt des glänzenden technischen Fortschrittes froh. Ihr Überwinder war ihr auf den Fersen: die Dampfschiffahrt. Der Raddampfer wagte sich von den Flüssen und Binnenseen aufs Meer, anfänglich auf ruhige Gewässer und kurze Reisen, dann auch auf die Ozeane. Bald bot die Schraube ein wundervolles Hilfsmittel, um den steten Gefahren des Rades auszuweichen. Doch bedurfte es erst mehrerer Jahrzehnte, ehe der schon 1838 mit dem „Archimedes" erreichte Erfolg zur allgemeinen Ausrüstung neuer Seedampfer mit Schrauben führte. 1845 wurde der erste eiserne Schraubendampfer „Great Britain" nach New-York in Fahrt gesetzt. Zuerst wurde der Dampf nur für Post- und Passagierschiffe angewandt und selbst dabei erhielt sich die Auswanderung auf Segelschiffen von Deutschland nach Nordamerika noch bis in die ersten siebziger Jahre. Dann eroberte sich der Dampf auch die Frachtfahrt und die weiten Reisen. Noch am Schluß des Jahrhunderts kämpft jedoch das große Segelschiff auf weiten Reisen (z. B. Reis von Hinterindien, Salpeter von Iquique, Weizen von San Francisco, Petroleum in Blechkisten von New-York nach Ostasien, Kohlen von England nach vielen entlegenen Häfen) nicht ohne Erfolg mit dem Dampfer.

Es kann unmöglich Aufgabe dieser Skizze sein, die Fortschritte des Dampfschiffsbaues hier näher darzulegen. Nur ein paar springende Punkte seien hervorgehoben.

Die alten einfachen Maschinen hatten einen sehr hohen Kohlenverbrauch, der weite Reisen fast unmöglich machte. Durch Mitteldruckmaschinen reduzierte man den Kohlenverbrauch von 1,5—1,6 kg pro indizierte Pferdekraft und Stunde auf 1,3—1,4 kg. Dann kam seit 1860 die Compoundmaschine, die den Verbrauch auf 1—1,1 kg herunterbrachte; endlich seit 1882 die Triple-Expansionsmaschine, die nur noch 0,65—0,75 kg gebraucht; und neuerdings kommen gar Quadruple-Expansionsmaschinen auf. 1838 wagte man im Dampfdruck nicht über 10 englische Pfund hinauszugehen. 1868 riskierte man 35 Pfund, jetzt 200. Das alles brachte außer der Kohlenersparnis pro Reisestunde auch noch eine beträchtliche Abkürzung der Reisedauer hervor. Der erforderliche Kohlenraum wurde stark verringert, die Ladefähigkeit der Schiffe vergrößert, die Zahl der Reisen vermehrt. Alles wirkte auf Erniedrigung der Güterfrachten, einen Umstand von der weittragendsten volkswirtschaftlichen Bedeutung.

Dieser Gegenstand wäre der sorgsamsten und eingehendsten Specialuntersuchung wert, die ich mir leider versagen muß. Um aber ferner stehenden Lesern einen Begriff von der Tragweite des Umschwungs zu geben, gebe ich hier einen Handelsbericht der Weserzeitung aus Glasgow vom 7. Februar 1896 wieder. Es wurden u. a. notiert für Kohlen von Häfen der Clyde nach

	im Januar 1874	im Januar 1896	
Barbadoes	19	10	Sh. pro Tonne,
St. Thomas	12	10	= = =
Havana	12	8	= = =
St. Jago de Cuba	14	9	= = =
Montevideo	40	10	= = =
Buenos Ayres	40	10	= = =
Rio Janeiro	30	14	= = =
Santos	27	17	= = =
Bahia	27	12	= = =
Pernambuco	27	12	= = =
Rio Grande	37	20	= = =
Alexandrien	18	7	= = =
Konstantinopel	18	7	= = =
Gibraltar	10	6	= = =
Livorno	17	7	= = =
Malta	14	6	= = =
Odessa	17½	6½	= = =
Ferner:			
von Quebec nach Greenock, Holz .	38	19	= = =
= Quebec nach Glasgow, Dielen	105	40	= = =
nach San Francisco, Kohlen . .	30	12	= = =
= Callao, Stückgüter	40	16	= = =
= Valparaiso, Stückgüter . . .	36	15	= = =
= Sydney, N. S. W., Stückgüter	35	15	= = =
= Singapore, Stückgüter . . .	30	15	= = =
von Rangoon nach dem Ver. Kgr., Reis	65	25	= = =
= Valparaiso nach dem Ver. Kgr., Salpeter	55	22½	= = =
= San Francisco nach dem Ver. Kgr., Weizen	57½	21¼	= = =

Auch augenblicklich, im Herbst 1901, herrscht wieder eine tiefe Depression auf dem Frachtenmarkt. Anfang September war für Getreide von New-York nach England mehrmals 1 3/4—1 7/8 Sh. pro Tonne nicht zu erlangen. Dampfer in Reihenfahrt nahmen Korn noch billiger. Später haben die letzteren Getreide ganz umsonst von New-York nach Liverpool befördert, da sie damit die Ausgaben für Ballast ersparten. Ja, es soll vorgekommen sein, daß die Dampfer das Getreide als Ballast mit nach Amerika nahmen, um für die abermalige Um- und Rückfahrt keine Ballastkosten zu haben; die Ware fuhr also umsonst dreimal über den Ozean. Das sind natürlich Ausnahmsfälle, Gelegenheitsverladungen für Ablader. Eigentliche Frachtdampfer brauchten so billig nicht abzuschließen, konnten aber doch 1 1/2 Sh. pro Tonne schwer bedingen. — Anderwärts waren jedoch die Frachten besser; so z. B. Anfang September von Liverpool nach San Francisco 15 Sh. von dort für Getreide nach England 38 3/4 Sh. Von Valparaiso für Salpeter nach England 27 1/2 Sh. Die Frachten hatten also den Tiefstand von 1896 noch nicht wieder erreicht.

Diese Sätze stellen keineswegs die höchsten und die niedrigsten Punkte dar. In den siebziger Jahren waren die Frachten gegen früher schon stark gewichen und in Ausnahmefällen sind noch viel niedrigere Frachten gezahlt als 1896. Für die Konkurrenz von Massengütern (Lebensmitteln und Rohstoffen) aus fremden Weltteilen spielt der Rückgang der Frachten eine geradezu entscheidende Rolle.

Während der riesige „Great Eastern" 1859 seine Fahrt mit nur 3600 Pferdestärken eröffnete, hat heutzutage der Nordd. Lloyd-Dampfer „Kronprinz Wilhelm" 35 000 und der Hamburg-Amerika-Dampfer „Deutschland" 35 600 indizierte Pferdestärken, obwohl sie ungefähr dieselbe Größe haben wie jenes Schiff. 1850 fuhren die transatlantischen Ozeandampfer mit 9 Knoten (Reisedauer von England nach New-York 13 Tage); 1860 mit 11—11 1/2 Knoten (11 Tage); 1870 mit 14 Knoten (9 Tage), 1881 setzt die Entwicklung der Schnelldampfer ein, an der sich stark der Lloyd beteiligte; seine „Elbe", das erste deutsche Schiff dieser Art, erreichte 16 Knoten. 1887 wurde die „Lahn" erbaut, die bei 9000 Pferdestärken durchschnittlich nur 7 Tage 13 Stunden gebrauchte. Neuerdings brauchen die Dampfer „Deutschland", „Kaiser Wilhelm d. Gr." und „Kronprinz Wilhelm" von Plymouth nach New-York nur 5 T. in 8—9 Stunden.

Die Hamburg-Amerika-Linie beteiligte sich anfangs nicht an der Verwendung dieses Schiffstypus, machte dann aber mit den Doppelschraubendampfern einen mächtigen Sprung vorwärts, den der Lloyd anfangs nicht mitmachen wollte. Augenblicklich (Frühjahr 1901) hat dieser indes schon 31 Doppelschrauber. Während die doppelte Schraube doppeltes Maschinen- und Heizpersonal erfordert, bringt sie den großen Vorteil mit sich, daß ein Schraubenverlust oder Wellenbruch die Fortbewegung nur verlangsamt, aber nicht das Schiff hilflos macht. Der Laderaum der Schiffe mit so riesigen Maschinen, Kesseln und Kohlenräumen ist natürlich sehr reduziert. Bei den ersten Doppelschraubendampfern war er fast verschwunden. Hernach hat man verstanden, ihn wieder zu erobern, namentlich durch größere Schiffslänge. Kriegsschiffe sind in den letzten Jahren zur dritten Schraube übergegangen. — Die Anwendung der Parsonschen Dampfturbine an Stelle der Dampfcylindermaschinen ist auf Torpedoboote beschränkt geblieben, hat hier aber Geschwindigkeit von 32¾ Seemeilen die Stunde erreicht.

Ein anderer Fortschritt, der vor allem für die Verringerung des Verlustes an Menschenleben wichtig ist, ist die Einführung von wasserdichten Schotten im Schiffsraum. Der Raum wird in eine ganze Anzahl wasserdichter Kompartments zerlegt, so daß das Schiff nicht zu sinken braucht, wenn selbst mehrere derselben durch Leck, Strandung oder Kollision voll Wasser laufen. Die Fortschritte auf diesem Gebiete sind ununterbrochen. Sie vollständig zu schildern, wäre die Aufgabe einer besonderen Abhandlung. Doch dürfen auch hier einige Mitteilungen der Weser-Zeitung vom 12. September 1901 über die neuesten Errungenschaften auf diesem Gebiete Platz finden. Sie betreffen den 1901 auf der Werft des Vulcan in Stettin erbauten Lloyddampfer „Kronprinz Wilhelm“: „Von der Kommandobrücke aus gehen Telephonleitungen, Siemens und Halskesche Lautsprecher (eine neue Erfindung) nach der Maschine wie nach dem Steuerhause am Heck des Schiffes. Ebenso geht von der Brücke aus ein hydraulisch-automatischer Apparat nach allen Schotten hinunter, durch den diese letzteren von der Brücke aus auf einen Schlag geschlossen werden können. Ein Glockensignal geht zehn Sekunden vorauf, um Leute zu warnen, die sich etwa gerade in einem Schottenthor befinden. Lichtsignale von jedem einzelnen Kompartment folgen und melden den Schluß des Schotts. Nur bei völligem Schluß des Schotts kann das Lichtsignal erscheinen; das Nichterscheinen kündigt an, daß das betreffende Schott noch nicht ordnungsmäßig geschlossen ist. Sodann ist eine wichtige Neuerung, daß das Schiff an vielen verschiedenen Stellen Feuermelder nach Art derjenigen der Feuerwehr hat; ist irgendwo Feuer ausgebrochen und durch Einschlagen der Scheibe des Apparats und Ziehen am Bügel gemeldet, so weiß man auf der Brücke, wo das Unglück eingetreten ist. Daß es an Schläuchen nicht fehlt, die man nur anzudrehen braucht, um Spritzenwasser zu haben, und ebensowenig an Handfeuerlöschapparaten, versteht sich von selbst. Weiter sei erwähnt, daß der Weg zum Ausguck am Mast (dem Mastkorb der altmodigen Schiffe) nicht mehr außen am Maste hinaufführt (was immer mit Gefahren für den Seemann verbunden ist), sondern in dem hohlen eisernen Maste selbst; eine eiserne Leiter giebt dem Matrosen einen sicheren Weg. Von diesem Ausguck geht ein Sprachrohr zum Navigationszimmer hinunter, so daß die Stimme des Matrosen nicht mehr von anderem Lärm übertönt werden kann. Die Treppe im Mast ist für Kriegsschiffe nicht neu, wohl aber für Handelsschiffe. Eine neue Einrichtung ist auch noch die Telephonleitung von den Luxuszimmern nach dem Zimmer des Oberstewards. Ein Apparat für Marconische drahtlose Telegraphie befindet sich im Steuerhause am Heck."

Die Größe der Dampfer hat unter diesen Umständen stark zugenommen, immer abgesehen von dem einen verfehlten Versuch mit dem „Great Eastern". Die höchsten Größenklassen kommen nicht bei Post- und Schnelldampfern in Anwendung, sondern bei Frachtdampfern, die zugleich Passagiere von etwas geringeren Ansprüchen befördern. Sie fahren zwischen Häfen von starkem Güteraustausch wie New-York und Liverpool oder New-York und Hamburg-Bremen. Bei sehr großer Ladefähigkeit haben sie schwächere Maschinen und daher geringere Geschwindigkeit.

Der Vergleich des augenblicklich größten Frachtdampfers dieser Art, des am 4. April 1901 in Belfast von Stapel gelassenen Doppelschraubendampfers „Celtic" mit dem größten Schnelldampfer, dem beim „Vulcan" in Stettin im Bau befindlichen Lloyddampfer „Kaiser Wilhelm II." ergiebt folgende bezeichnende Unterschiede:

	„Celtic"	„Kaiser Wilhelm II."
Registertonnen (Brutto) . . .	20 880	19 500
Wasserverdrängung (in Tonnen)	36 700	26 000
Länge (in engl. Fuß)	700	707
Breite (in engl. Fuß) . . .	75	72
Raumtiefe (in engl. Fuß) . .	49	41
Maschinenstärke (Pferdekräfte) .	14 000	40 000
Geschwindigkeit (Knoten) . . .	16—17	23½
Raum für Passagiere, Kajüte . .	500	1 000
" " " Zwischendeck	2 352	800
Besatzung (Personen)	335	585

Mit diesen Dimensionen ist der „Celtic" dem „Great Eastern" noch um fast 1400 t Ladefähigkeit überlegen. Um die Wandlung in den Reedereiverhältnissen richtig zu erfassen, muß man bedenken, daß ein einziges Schiff wie der „Kaiser Wilhelm II." so groß ist wie zu gewissen Zeiten im Anfang des Jahrhunderts die ganze Handelsflotte Bremens oder Hamburgs. Ende 1805 betrug der Raumgehalt der bremischen Flotte 28 500 Registertonnen, also nur um die Hälfte mehr als das genannte Schiff. 1825 blieb sie mit 14 600 Registertonnen um reichlich ein Viertel hinter ihm zurück. Die Ladefähigkeit der damaligen Schiffe war nicht durch Kessel, Maschinen, Kohlenraum beeinträchtigt. Die größere Geschwindigkeit der Schiffe unserer Zeit gleicht dies reichlich wieder aus.

Zu solchen Ergebnissen hat die wissenschaftliche Entwicklung der Schiffsbaukunst wesentlich beigetragen. Man vergleiche nur einmal den Bremer Schiffskapitän, der nach Finland auszieht und selbst die Baumaterialien kauft, um gleichsam im Tagelohn ein Schiff zimmern zu lassen, oder später die phantastische Konstruktion des „Great Eastern" mit der wissenschaftlichen Durchbildung der heutigen Schiffsbautechniker. Die Entwicklung des Maschinenbauwesens, die Organisation der technischen Hochschulen gehörte zu den Vorbedingungen der heutigen Zustände. In England besteht schon seit einer Reihe von Jahren die Institution of naval architects; nach ihrem Vorbilde hat man 1899 in Deutschland die Schiffsbautechnische Gesellschaft gebildet.

Noch eine ganz andere Kategorie von Vorbedingungen war erforderlich, um solche technische Fortschritte zu ermöglichen. In älteren Zeiten gab es, wie ich schon kurz erwähnte, nur ganz wenige Häfen, die für heutige Schiffe die erforderliche Wassertiefe hatten. Die meisten — genannt seien nur Rotterdam, Amsterdam, Glasgow —, mußten erst durch künstliche Unternehmungen (Baggerungen, Strombauten, Kanäle) auf entsprechenden Stand gebracht werden. Und wo die Häfen selbst ausreichten, wie z. B. bei Hamburg, war durch Untiefen der Zugang gesperrt. Tiefgehende Schiffe können Hamburg noch heute nicht erreichen; sie müssen in Cuxhaven bleiben oder auf dem Strom einen Teil ihrer Ladung an Flußfahrzeuge abgeben („leichtern"). Bremen schüttelte einen Teil der Nachteile seiner weiten Entfernung von der See durch die Gründung Bremerhavens ab, das 1830 eröffnet wurde. Rotterdam und Amsterdam bauten in den ersten Jahrzehnten des neuen Jahrhunderts Seekanäle von ca. 5—5½ m Wassertiefe, ausreichend für die damaligen Schiffe. Dann entstand in den siebziger und achtziger Jahren der „Nieuwe Waterweg" von Rotterdam zur See, durch den 1899 45 Schiffe von 24—25 Fuß (7,32—7,63 m), 22 von 25—26 Fuß (7,63 bis 7,93 m) und 5 von 26—27 Fuß (7,93—8,24 m) einsegelten. Ebenso der „Noordzee-Kanaal" von Amsterdam nach See, durch den seit 1897 vereinzelte Schiffe über 7,40 m hereinkommen. So sind in Glasgow und Middlesborough durch Flußkorrektionen treffliche Verbindungen mit der See geschaffen.

Bremen hat von der Mitte der achtziger bis zur Mitte der neunziger Jahre mit einem Aufwand von 30 Millionen die vorher nur 2 3/4 m betragende Tiefe der Unterweser auf 5—5 1/2 m gebracht. Früher von der See so gut wie abgeschnitten und ganz auf den Leichterverkehr mit Bremerhaven angewiesen, hat es jetzt einen eigenen Seeverkehr von etwa 2100 angekommenen Seeschiffen im Tonnengehalt von etwa 900 000. Außerdem hat es die Außenweser von Bremerhaven bis zur See bedeutend vertieft. Wenn auch das Ziel, nämlich 10 m bei gewöhnlichem Hochwasser, noch nicht erreicht ist, so wird doch allen Anforderungen der augenblicklichen Schiffahrt genügt. Auch die Hafeneinrichtungen in Bremerhaven sind neuerdings diesem Ziel entsprechend gestaltet. Die 1897 eröffnete große Kammerschleuse, die die Einfahrt zum Kaiserhafen bildet, hat folgende Dimensionen: Länge 220 m, Breite 28 m, Tiefe zwischen den Thürflügeln bei gewöhnlichem Hochwasser 10,53 m. Sie ist eines der großartigsten Werke dieser Art in der ganzen Welt. Ohne den Wunsch der Kriegsmarine, die für im Kampfe beschädigte, daher mit vergrößertem Tiefgang fahrende Schiffe einen Zufluchtsort zu haben wünschte, hätte man die Tiefe etwas geringer gewählt. Aus gleichem Grunde ist denn auch das hauptsächlich für die großen Lloyddampfer erbaute Trockendock am Kaiserhaven in den gleichen Dimensionen gehalten. Die Kriegsschiffe bedürfen nur der erwähnten großen Tiefe, ihre Länge ist weit geringer als die der neuesten Schnelldampfer. Der soeben erwähnte, jetzt in Stettin im Bau befindliche Lloyddampfer „Kaiser Wilhelm II." erhält bereits eine Länge von 215,63 m und eine Breite von 25,2 m, so daß Schleuse und Dock nur noch eben für ihn ausreichen.

Hamburg hat mit der Korrektion der Unterelbe später und vorläufig in kleinerem Umfange angefangen. Dagegen hat es Cuxhaven ausgebaut und hier am stets offenen Fluthafen Kais für die größten Schnelldampfer gebaut; auch eine Eisenbahnverbindung nach Cuxhaven ist geschaffen.

In ähnlicher Weise sind denn auch in vielen Welthandelshäfen die Zugänge vertieft und verbessert und die Hafenbecken den wachsenden Schiffsgrößen entsprechend gestaltet.

Von der größten Tragweite für die Schiffahrt der Welt ist der Suez-Kanal geworden. Er hat die Verbindung zwischen Europa und dem fernen Osten beträchtlich verkürzt und den weitaus größten Teil des Verkehrs den Segelschiffen entrissen und den Dampfern zugeführt. Denn in dem fast immerwährend windstillen Roten Meer können Segelschiffe nicht fahren. Die Befürchtung, auf Grund deren England dem Bau des

Kanals widerstrebte, nämlich, daß er dem englischen Handel und der englischen Schiffahrt einen großen Teil des Verkehrs mit dem fernen Osten rauben würde, hat sich nicht erfüllt. Vielmehr ist England an dem sich riesig entfaltenden Verkehr weitaus das meistbeteiligte Land. Doch hat sich auch die deutsche Flagge seit Eröffnung der Linien nach Ostasien und Australien einen sehr ansehnlichen Teil erobert. 1870 betrug der Verkehr nur 486 Schiffe mit 436 000 Registertonnen. 1900 dagegen 3441 Schiffe mit 9 738 000 Registertonnen Netto. Die deutsche und englische Flagge behaupteten bei weitem den größten Verkehr, und zwar mit folgender Beteiligung:

	Englische Flagge		Deutsche Flagge	
	Reg.-Tonnen Netto	Prozente des Gesamtverkehrs	Reg.-Tonnen Netto	Prozente des Gesamtverkehrs
1895	6 059 000	71,6	696 000	8,2
1899	6 586 000	66,6	1 070 000	10,8
1900	5 605 000	57,6	1 466 000	15,1

Das sind für Deutschland glänzende Zahlen!

Auch der deutsche Nord-Ostsee-Kanal, obgleich weit weniger weltbewegend, darf für die deutschen Schiffahrtsverhältnisse nicht übergangen werden. Sein Verkehr war in beiden Richtungen im Jahre 1896 20 068 Schiffe, 1 751 065 Netto Registertonnen, 1900 29 571 Schiffe, 4 292 258 Netto Registertonnen.

Der Nord-Ostsee-Kanal hat sogar eine fühlbare Folge für die Gestaltung der Schiffe gehabt. Er hat einen ganz neuen Typus, wenn auch nicht gerade geschaffen, so doch sehr emporgebracht, die Seeleichter. Diese weder durch Dampf noch durch Segel mit eigener Bewegung versehenen, meist eisernen Fahrzeuge werden durch kleine Schleppdampfer weit durchs Meer geschleppt, u. a. von Emden bis Königsberg. Zuerst bürgerten sie sich im Verkehr zwischen der Elbe und Weser ein, dann sind sie namentlich im Verkehr zwischen Hamburg und einer ganzen Anzahl Ostseehäfen in Aufnahme gekommen. Ihr Tonnengehalt geht bis zu 800 und da sie nur für kurze Fahrt bestimmt sind, nicht selbst navigiert werden sollen, daher auch nur geringer Besatzung und für diese nur bescheidener Räume bedürfen, so kann fast ihr ganzer Raum mit Ladung vollgestopft werden. Das Anlagekapital und die Betriebskosten sind also sehr niedrig. Dagegen sind sie unbedingt auf gutes Wetter angewiesen; sie müssen unter Umständen solches abwarten und keinenfalls dürfen sie sich auf Reisen einlassen, die nicht entweder ganz kurz sind oder zahlreiche Zufluchtshäfen darbieten. Die Zahl der deutschen Seeleichter hat sich von 63 im Jahre 1889 auf 178 im Jahre 1900 vermehrt.

In den sechziger und siebziger Jahren war die Frachtfahrt mit Petroleum und leeren Petroleumfässern mit einem Mal eine Quelle schönen Verdienstes für die Seegelschiffahrt. Diese Ladung schien dem Segelschiff niemals geraubt werden zu können, zumal als in den siebziger Jahren der erste Versuch, ein Petroleum-Tankschiff zu erbauen, gänzlich fehlschlug; das von Nordamerika nach Antwerpen bestimmte Schiff kam dort niemals an. In den achtziger Jahren hat man das Problem, den ganzen Laderaum eines Schiffes, sogar eines Dampfers, für Aufnahme von Petroleum herzurichten und diesen gegen Kessel und Maschine hermetisch abzuschließen, aber doch gelöst. Seitdem ist beinahe der ganze Transport von Petroleum von Amerika nach Europa auf diese Fahrzeuge übergegangen; sie haben sich als durchaus seetüchtig bewährt. Solcher Tankdampfer giebt es in Hamburg Ende 1900 11, in Bremen 2, in Geestemünde 9.

Eine wichtige und eigenartige Erfindung wurde durch die Massenproduktion von Erdöl am Kaspischen Meer veranlaßt. Die dortige rohe Naphtha enthält viel dickes, schweres Öl, das zu anderen Zwecken keine Verwendung findet und daher zur Feuerung von Dampfkesseln benutzt wird. Bald nach der Eröffnung des Großbetriebes in Baku wurden die Dampfer auf dem Kaspischen Meer und alsbald auch auf den russischen Flüssen mit diesem „Masud" genannten Brennmaterial geheizt. Die Erfindung war ein großes Glück für jene kohlenarmen Gegenden. Nun hat man auch den Versuch gemacht, auf den Weltmeeren solche flüssige Feuerung zu benutzen. So hatte das deutsche Kriegsschiff „Kaiser Friedrich III." solche an Bord, und zwar in seinem Doppelboden. Beim Aufstoßen auf dem Adlergrund im Frühjahr 1901 wurde der Doppelboden zusammengepreßt, das Masud kam durch die Ventilatoren in den Feuerungsraum und es entstand ein Brand. Das ist indes kein Übel, das nicht zu vermeiden wäre. Der Einbürgerung der flüssigen Feuerung hat im Wege gestanden, daß es nur wenige Häfen giebt, wo die Dampfer solche kaufen können. Doch sind neuerdings viele Versuche angestellt, die in technischer Beziehung durchaus günstig ausgefallen sind; auch auf deutschen Schiffen hat man gute Erfahrungen gemacht. Wenn die Produktion geeigneter Öle, die in letzter Zeit auch in Ceylon und Texas Platz gegriffen hat, so zunimmt, daß die wichtigsten Anlaufhäfen den Dampfern zuverlässige Gelegenheit bieten, sich mit flüssigem Brennstoff zu versorgen, so wird die Sache eine vermehrte Bedeutung für die Schiffahrt gewinnen.

Nordamerika hat zwei besondere Typen von Dampfern erfunden: die Whaleback- und die ganz ähnlichen Turret-Ships. Es sind dies Schiffe, die eine starke Ähnlichkeit mit einem Walfisch haben; namentlich besitzen sie nur ein ganz kleines, schmales, eigentliches flaches Verdeck. Ihr Rücken ist rundlich und nur mitschiffs ist ein kleines Verdeck ohne Masten und Aufbauten. Sie fahren bis jetzt ausschließlich zwischen Liverpool und Nordamerika; meist gehen sie durch den Welland-Kanal (neben dem Niagara-Fall) in die großen Seen hinauf, um in Chicago oder Milwaukee Getreide zu laden. Sie haben sich nicht schlecht bewährt, jedoch nicht so rasch zugenommen, wie das wohl vorausgesetzt wurde. Auf dem Michigan-See hatte man anläßlich der Weltausstellung von Chicago einen Walrückendampfer von 362 Fuß Länge und 42 Fuß Breite, der 7 Stahltürme und 3 Verdecke hatte. Auf 4000 Personen eingerichtet, soll er einmal 5700 an Bord gehabt haben. Ein Ozeanschiff ist das natürlich nicht. Dagegen ist, ohne eine neue Stufe im Schiffsbau zu bedeuten, ein neues Unternehmen im Verkehr zwischen Chicago und Europa (Hamburg, London, Liverpool) hervorgetreten. In Chicago sind für eine amerikanische Reederei-Gesellschaft (Northern Steamship Company) vier Ozeandampfer von 3200 Tonnen Raumgehalt (256 engl. Fuß Länge, 42 Fuß Breite, 26½ Fuß Tiefgang) und 12 Knoten Geschwindigkeit gebaut. Sie passieren gleichfalls den Welland-Kanal, der durch einen Umbau im Jahre 1899 Schleusen von den erforderlichen Dimensionen erhalten hat, und gehen dann den Lorenzstrom hinab zum Ozean. Allerdings ist diese Fahrt im Winter durch Eis gesperrt, dann sollen die Dampfer in der Küstenschiffahrt Verwendung finden. Der erste Dampfer ist am 24. April 1901 von Chicago mit einer großen Sendung landwirtschaftlicher Maschinen und Fleischwaren nach Hamburg abgegangen. Der deutschen, vorzugsweise auf New-York gerichteten atlantischen Dampferreederei ist diese Konkurrenz wohl nachteilig, doch sollen die Ergebnisse der ersten Reisen die Unternehmer sehr enttäuscht haben.

Wieder einen andern Typus bilden die Fischdampfer, auch ein Erzeugnis der Schiffsbaukunst, das erst etwa ein Jahrzehnt alt ist, sich jedoch sehr gut bewährt hat. Diese seetüchtigen Schiffe fahren mit schwacher Bemannung von der Weser und Elbe bis nach der isländischen Küste hinauf und bringen ihren Fang auf Eis in gutem Zustande heim. — Auf die Heringslogger wird weiterhin zu verweisen sein.

Während im allgemeinen die für bessere Fahrten abgängigen Dampfer allmählich zur Kohlenfahrt heruntersinken wie ein stolzes Reitpferd zum Karrengaul, und namentlich für kurze Fahrten zwischen England und benachbarten Ländern noch gute Dienste thun, hat man in neuester Zeit auch angefangen, neue Kohlendampfer zu bauen.

Durch Weglassung jeglichen Luxus' und ausschließliche Gestaltung für ihren Zweck hat man auch diese neuen Schiffe rentabel machen können. Zur Umgestaltung von älteren, stark entwerteten Dampfern in Holztransportschiffe bedarf es meist eines Umbaues; sie müssen viel größere Luken erhalten. Da notfalls das Schiff auf der Ladung schwimmt, auch die Beschädigung der Ladung durch Seewasser nicht allzuschlimm zu werden pflegt, so sind solche Fahrzeuge noch lange dienstfähig, vor allem, wenn man ihnen nicht zu schwere Decklast giebt. Da das Gewicht der Holzladung die Tragfähigkeit des Schiffes nicht ausnutzt, so pflegt man einen Teil des Holzes auf Deck zu verladen. Dadurch erhält der Schwerpunkt zuweilen einen zu hohen Platz, so daß „Schlagseite" entsteht. Im Nordostsee-Kanal erschien jüngst ein Schiff so schief überhängend, daß es auf Verlangen der Behörde erst einen Teil seiner Deckladung löschen mußte, ehe man es zuließ. Man baut heutzutage auch neue Dampfer für den Holztransport; sie erhalten von vornherein die erforderlichen großen Luken.

Für längere Zeit hat die Tiefladelinie ein Streitobjekt gebildet. In England war die Bezeichnung des größten, einem Schiffe zu gebenden Tiefganges von Staatswegen 1890 eingeführt. Die deutschen Reeder, unterstützt durch das Gutachten der Kapitäne, widerstrebten dem. Sie machten geltend, daß eine solche Bezeichnung nur zu einer falschen Sicherheit verleiten könne. Die Sicherheit des Schiffes hänge von ganz anderen Dingen ab: richtiger Stauung, richtiger Lage des Schwerpunktes, Beschaffenheit der Ladung u. s. w. Indessen haben einige große Gesellschaften den Zwang gar nicht einmal abgewartet und die Tiefladelinie einfach eingeführt, damit einer bereits weit gediehenen Agitation die Spitze abbrechend.

Als zuerst der Eisenschiffsbau aufkam, war das siegende Metall nur Eisen. Bald trat indes der Stahl an die Stelle des Eisens, und heutzutage ist der Stahlbau ganz überwiegend geworden. Die Dicke der Wandungen hat für Stahlschiffe noch niedriger bemessen werden können als für Eisenschiffe. Schlechte Erfahrungen hat man damit nicht gemacht.

Staatliche Aufsicht über die zu wählenden Stärken wie überhaupt über den Schiffsbau giebt es nicht. Eine solche ist wohl verlangt worden, aber in den letzten Jahren ist es wieder ganz still davon geworden, weil die deutschen Reeder und Schiffsbauer darauf verweisen konnten, daß kein Vorfall, keine Erfahrung eine solche in keinem anderen Lande geübte Aufsicht rechtfertigten. Vielmehr stehe die deutsche Handelsflotte in Bezug auf ihre Beschaffenheit und ihre Verluste und Unfälle hervorragend gut da. Thatsächlich liegt die Aufsicht in den Händen einiger großer Schiffsklassifizierungs-Institute, unter denen vor allem British Lloyd in London, Bureau Veritas in Brüssel und Hamburg, Germanischer Lloyd in Berlin, der Record of American and Foreign Shipping in New York und Norske Veritas in Norwegen zu erwähnen sind. Diese Institute sind sehr mächtig, weil nach ihren Klassen und Certifikaten sich die Ablader bei der Auswahl der Schiffe und die Versicherer bei der Übernahme von Versicherungen richten. Davor, daß sie ihre Macht nicht parteiisch zu Ungunsten der Reeder ausüben, schützen sich diese durch die Konkurrenz der Gesellschaften, die z. B. in Deutschland sich der Germanische Lloyd und Veritas machen. Anderseits würden die Certifikate bald nur noch geringen Wert haben, wenn die Institute, um die Schiffe heranzuziehen, zu nachgiebig wären. Vor allem würden die sehr sachkundigen und scharf rechnenden Versicherer bald herausfinden, ob ein Institut zu lax in seinen Ansprüchen wäre (was in der That dem Germanischen Lloyd in den ersten Jahren vorgeworfen wurde). Es liegt also in der Natur der Sache, daß diese nur mit Wahrheitsliebe und strenger Gerechtigkeit ihre Aufgabe erfüllen und sich selbst behaupten können. In der That sind die sämtlichen beteiligten Kreise trotz diametral entgegengesetzter Interessen mit dem Stande der Dinge ganz zufrieden.

Die Klassifikations-Institute schreiben vor, welche Stärken bei gewissen Schiffsgrößen der Kiel, die Spanten, die Deckbalken, die Wandungen u. s. w. haben müssen, damit die Schiffe gewisse Klassen erhalten oder überhaupt klassifiziert werden können. Ihre Vorschriften sind der öffentlichen Kritik ausgesetzt; sie werden stets von den entgegengesetzten Standpunkten der Schiffsbauer und Reeder einerseits, der Versicherer (die zugleich stillschweigend Anwälte der Besatzungen, der Passagiere und der Ladungsinteressenten sind) anderseits geprüft.

Von tiefgreifendster Einwirkung auf die Schiffahrt ist die vollständige Umgestaltung der Ausstattung der Häfen mit Ent- und Beladungseinrichtungen und allem, was dazu gehört. Die alte Zeit wurde schon charakterisiert durch die am Eingange dieses Kapitels wiedergegebenen Slomanschen Erinnerungen. Die Schiffe lagen am Ufer, das erst allmählich mit einfachen, drehbaren Handkrähnen ausgerüstet wurde, oder auf dem offenen Strom (wie es bis etwa 1880 noch in Hamburg vorwiegend war), wo sie natürlich völlig auf sich selbst angewiesen waren. An eine Rahe wurde die Schiffswinde (die Schiffstakel) befestigt und Matrosen bedienten sie beim Ein- und Ausladen der Güter. Lag das Schiff auf dem offenen Strom, so mußten kleine Hilfsschiffe

(Leichter, Schuten, Kähne) sich langseits legen und die Ladung bringen oder holen. Noch heute vollzieht sich ein Teil des Hamburger Hafenverkehrs auf diese Weise, wenn auch ohne die Arbeit der eigentlichen Seeleute, und vor allem geht die Sache noch heute in der unteren Elbe so vor sich, wenn die Schiffe zu tief gehen, um nach Hamburg herauf zu kommen, wenn sie also weit unterhalb einen Teil ihrer Ladung löschen oder einnehmen müssen. Auch in Bremerhaven löschen und laden die Schiffe fast nur mit der Schiffstakel. — An Verbindung der Hafenkais mit der Eisenbahn dachte man erst, als die Eisenbahnen schon ein eingebürgertes Mittel für den Güterverkehr waren.

Die s. Zt. vielberühmten Londoner Docks (Dock bedeutet korrekt nur einen mit Schleusen abgeschlossenen Hafen, keineswegs Trockendock, wofür das Wort im Deutschen meist gebraucht wird) nahmen mit den St. Catherines Docks im Jahre 1828 ihren ersten reellen Anfang. Sieht man sie heute, so kommen sie einem höchst altertümlich, fast kindlich vor. Die Wasserfläche ist nur 4 ha groß (das erste Freihafenbassin in Bremen 20), mit ihnen verbunden sind jedoch 5 ha vielstöckige Speicher, die hart am tiefen Wasser stehen und eine bedeutende Lagergelegenheit darstellen. Aber von Zurüstungen für Durchgangsverkehr, für raschen Umschlag, für sofortigen Übergang vom Schiff auf die Eisenbahn keine Spur. Das verlangte die alte Zeit gar nicht. Eile war noch nicht so notwendig.

Damit vergleiche man einen Hafen vom Schlusse des Jahrhunderts. Verbindung mit der Eisenbahn ist das erste aller Erfordernisse. Einem Schienenstrang gebührt der erste Platz dicht am Ufer, einem zweiten zum Rangieren der zweite. Mächtige Portalkrähne stellen sich breitbeinig über die Geleise und lassen die Eisenbahnzüge unter sich hindurchfahren, oder sie setzen ein Bein auf die Uferkante und das zweite auf das Gesimse des nahen Schuppens. Ihre erste Aufgabe ist, die Waren aus dem Schiff direkt in den Waggon zu heben oder umgekehrt. Gleich nach den Eisenbahngeleisen kommen einstöckige oder selten zweistöckige Schuppen mit großer Grundfläche und möglichst allseitigem Licht. Sie sind nicht zum Lagern der Waren bestimmt, sondern nur zur vorübergehenden Aufnahme der ankommenden und abgehenden Güter. Die Krähne werden nur noch selten mit der Hand bedient, selbst der Dampfkrahn mit eigenem Kessel und eigener Maschine beginnt zu veralten, die hydraulische oder elektrische Bedienung, von einer Centralstation ausgehend, stellt den neuesten Typus dar. Im kleinen Glasverschlag auf dem Krahn sitzt der Mann, der die Kraft ansetzt, die Kette anziehen oder abrollen, den Krahn

4*

sich drehen läßt. Er hebt die Ware aus dem Schiff oder ins Schiff, setzt sie in den bereitstehenden Waggon ab oder hebt sie über diesen hinweg in den Schuppen. Handelt es sich um Getreide, das im Schiff lose (ungesackt) verladen ist, so greifen baggerähnliche Paternosterwerke oder aber Greifbagger direkt in die Ladung hinein und heben sie empor. Entweder führen sie das Korn automatischen Wagen zu, die ununterbrochen Quantitäten von 100 kg abwiegen und in bereitstehende Säcke abschütten, oder sie bringen sie auf Bänder-Transporteure, die sie auf die verschiedenen Lagerplätze der Böden verteilen. Silos mit einem System von Vertikalzellen anstatt der horizontalen Lagerböden sind meines Wissens in den deutschen Seehäfen noch nicht in Gebrauch. Es ist streitig, ob sich diese amerikanischen Verhältnissen entsprungenen und in England vielfach angewandten Einrichtungen für uns eignen.

Die Schuppen dienen vorzugsweise zur Sonderung der soeben mit der Eisenbahn, mit Fuhrwerk oder mit dem Schiff angekommenen Waren. Auf der Landseite der Schuppen pflegen zunächst wieder zwei Schienenstränge für die Eisenbahn zu liegen, während das Fuhrwerk Gelegenheit hat, auf die eine oder andere Weise in den Schuppen zu fahren. Vielerwärts, z. B. in Bremen, giebt man Schuppen in Perronhöhe den Vorzug, damit die Ware unmittelbar auf das Fuhrwerk oder in den Waggon rollen kann. Anderwärts, z. B. in Antwerpen, wird der „ebenerdige" Schuppen bevorzugt. Kommt nun ein Seedampfer, groß oder klein, an, so öffnet er alle seine Luken zugleich, jede wird von einem oder mehreren mechanisch angetriebenen Krähnen bedient, die Ladung wird Hals über Kopf herausgenommen und, sofern sie nicht sogleich in den Eisenbahnwaggon übergehen kann, in den Schuppen geworfen, wo sie nach den verschiedenen Empfängern und Bestimmungen geordnet wird. Letzteres geschieht oft unter Obhut der Schuppenverwaltung. Ist das Schiff leer — oft sogar noch vorher —, so wird mit der Übernahme der neuen Ladung begonnen, die schon in Waggons oder im Schuppen bereit steht. Auch die Kohlen werden eingenommen, etwaige kleinere Reparaturen werden ausgeführt, das Schiff wird gereinigt, gemalt, frischer Proviant wird eingenommen, unter Umständen die Mannschaft gewechselt. Das alles vollzieht sich je nach der Größe des Schiffes in ganz kurzer Zeit, manchmal in ein bis zwei Tagen. Das Schiff geht schon wieder in See, ehe noch seine Ladung den Empfängern zugeteilt ist. Das besorgt die Reederei in Verbindung mit der Schuppenverwaltung oder an ihrer Stelle die Agentur der Reederei.

Doch das Räderwerk dieses komplizierten Mechanismus geht noch weiter. In zweiter Linie hinter den Schuppen steht eine Reihe zweistöckiger

Speicher zur Aufnahme der Waren bestimmt, die für längere oder kürzere Zeit gelagert werden sollen. Krähne reichen mit ihren langen Armen vom Erdboden des Schuppens hinweg nach den hohen Speicherböden hinauf oder nach den Speicherkellern hinunter, also über Eisenbahnzüge und Fuhrwerk hinweg, das zwischen Schuppen und Speicher verkehrt. Rutschbahnen für Waren, die aus oberen Stockwerken der Speicher in Waggons, Fuhrwerk oder Schiffe verladen werden sollen, vervollständigen den Mechanismus. Das Schiff hat von diesem den großen Vorteil, daß es am Lande möglichst kurze Zeit aufgehalten wird und seine Zeit möglichst ausschließlich der Fahrt widmen kann. — Auf diese oder ähnliche Weise sind fast alle großen Seehäfen der Neuzeit ausgestaltet, so namentlich Hamburg, Bremen, Stettin, Antwerpen, Rotterdam, Amsterdam, London und Liverpool. Letztere beiden besitzen auch Getreidesilos.

Welchen Einfluß dieser Gang der Dinge auf die Besatzung, auf die Arbeitsteilung zwischen Besatzung und am Lande befindlichen Hafenarbeitern (Schauerleuten) ausgeübt hat, wird an anderer Stelle darzulegen sein.

In Verbindung mit der Schiffahrt und dem Schiffsbau steht eine ganze Menge von Hilfsindustrien, worauf hier nur kurz hingewiesen werden kann. Der Schiffsbau ist einer der wichtigsten Abnehmer für Eisen und Stahl geworden. Wenn er die großen Maschinen auch selbst herstellt, so werden doch viele kleinere, z. B. Dynamos, von Specialfabriken geliefert. Sodann werden Wellen, Anker, Ketten erfordert, neuerdings Masten und Rahen aus Hohleisen. Daran schließen sich Tauwerkfabriken (Hanf- und Drahttauwerk), Segeltuchwebereien, Segelmachereien, Netzfabriken für die Seefischerei, Eisfabriken ebenfalls für den Fischfang, Chronometerfabriken, Brotfabriken (Schiffszwieback und Hartbrot), Konservenfabriken, Wurstfabriken. Salzfleisch vom Rind und Schwein bezieht der Schiffer wo er kann, lieber aus Amerika, wo es billiger ist und als fetter seinem Bedürfnis mehr entspricht. Den Ersatz der so leicht verderblichen Butter durch Margarine — die letztere ist außerordentlich haltbar — betrachtet der Matrose als ein Glück.

Drittes Kapitel.

Der Schiffsbau, die Handelsflotten, der Seeverkehr in ihrem äußeren Umfang.

Auf Grund des politischen Friedens, der wachsenden Entwicklung der fremden Weltteile, der zunehmenden Arbeitsteilung, der technischen Fortschritte konnte sich der Schiffsbau mächtig entfalten. Wenn die Fortschritte seines Umfangs zuweilen unterbrochen werden, so hat er das vor allem seiner eigenen Überstürzung zuzuschreiben. Veranlaßt durch wachsende, gelegentlich rasch wachsende Nachfrage nach neuen Schiffen vergrößerten die Schiffsbauer zuweilen allzu hastig ihre Werften und brachten die Produktionsfähigkeit über das berechtigte Maß hinaus. Dann wurden Schiffe weit über den Bedarf erzeugt, sie suchten verzweifelt nach Frachten und drückten deren Stand tief herunter. Die unausbleibliche Folge, nämlich schlechte Geschäftsergebnisse, zwangen dann die Reeder zur Einschränkung ihrer Aufträge. Namentlich um die Mitte der achtziger Jahre war eine solche rückgängige Konjunktur hervorgetreten. Am meisten in England. England ist ja in Bezug auf den Schiffsbau das maßgebende Land. Es war auch bis vor wenigen Jahren das einzige, von dem eine genügende Statistik vorlag. Als nun in der erwähnten höchst ungünstigen Konjunktur die Bauaufträge stark zurückgingen, konnten sich die Schiffsbauer noch nicht sogleich entschließen, den Betrieb entsprechend einzuschränken. Sie bauten weiter in der Hoffnung, die Schiffe über kurz oder lang verkaufen zu können, und bauten deshalb vorzugsweise das „gewöhnliche Schiff", den Ozeanfrachtdampfer. Natürlich war gerade dieser Typus bald am allerstärksten vertreten, am schwersten zu verkaufen und am wenigsten zu verwenden. Um sich aus der Verlegenheit zu reißen, bildeten sie Aktiengesellschaften und übertrugen diesen das Eigentum an den Schiffen; Aktiengesellschaften von der in England möglichen Form der Zerlegung des Kapitals in Einpfund-Aktien. Mit diesen wurden Emissäre in das Binnenland und in die der Schiffahrt fernstehenden Kreise gesandt und es gelang, sehr viele davon bei dem „Outsider"-Publikum unterzubringen. Dieses hat die denkbar schlechtesten Geschäfte gemacht. Der Betrieb dieser Schiffe erlitt bei den stark gesunkenen Frachten große Verluste, man ließ sie lieber still liegen. Zeitweilig befanden sich in den englischen Häfen Hunderte von Handelsdampfern „aufgelegt", d. h. ohne Besatzung auf bessere Zeiten wartend. Die Aktionäre verloren zum Teil das ganze eingezahlte Aktienkapital. Auch in Deutschland haben wir solche Fälle gehabt.

Indes dauerte diese ungünstige Konjunktur nicht sehr lange. Schon 1890 hatte die ganze Geschäftslage eine andere Physiognomie gewonnen. Die transportbedürftige Gütermenge wuchs reißend schnell an, alle Fahrzeuge fanden wieder Verwendung, die Frachten stiegen, die Reedereien gelangten wieder zu schönen Überschüssen. Zu Zeiten konnte der Schiffsbau der Nachfrage nicht genügen. Die günstige Konjunktur hat heute, Ende 1901, stark nachgelassen. Zuerst traf der Rückgang des Frachtenmarktes die Reeder, namentlich solche, die noch mit alten, zu teuren, zu kostspielig fahrenden, unprofitabel gebauten Schiffen belastet waren. Unter diesen haben natürlich die Segelschiffsreeder schon seit lange am meisten zu kämpfen. Das wird sich natürlich auf den Schiffsbau fortpflanzen; wenn es auch augenblicklich nicht an der Beschäftigung selbst zu spüren ist, so macht es sich ihm doch schon an dem Nachlassen neuer Aufträge fühlbar. Bisher ist er u. a. stark beschäftigt mit der Herstellung von Specialitätsschiffen, z. B. großen Schnell- und Passagierdampfern, Tankdampfern für Petroleum, Holz- und Kohlendampfern, Fischdampfern, auch namentlich Kriegsschiffen. So ist denn der Raumgehalt der von Stapel gelassenen Schiffe in England seit 1889 nur geringen Schwankungen unterworfen gewesen, die noch dazu meist von äußeren Gründen, z. B. dem großen Maschinenbauerstreike herrührten.

Ich besitze die Zahlen seit 1881 und glaube, sie geben ein lebendiges Bild, das keiner weiteren Erläuterung bedarf.

An Handelsschiffen einschließlich Baggerschiffen, Eisbrechern, Schleppern und Flußdampfern sind in Großbritannien und Irland von Stapel gelaufen — sämtlich in Brutto-Registertonnen[1]:

[1] Die Brutto-Registertonne bezeichnet den gesamten Innenraum des Schiffes einschließlich der Deckbauten. 1 Tonne = 2,83 Kubikmeter. Nach Abzug der Kohlenräume, Kessel-, Maschinen-, Hilfsmaschinen-, Offiziers- und Mannschaftsräume ergiebt sich die Netto-Tonne.

	Dampfer		Segler		Zusammen	
	Zahl	Tonnen	Zahl	Tonnen	Zahl	Tonnen
1881	416	651 000	137	85 000	553	737 000
1882	493	820 000	140	125 000	663	946 000
1883	637	929 000	148	134 000	785	1 063 000
1884	463	597 000	190	157 000	653	754 000
1885	230	257 000	233	200 000	463	458 000
1886	226	236 000	146	137 000	372	373 000
1887	257	393 000	90	70 000	347	463 000

Bis soweit umfassen die Zahlen nur die in Großbritannien und Irland gebauten und zugleich in „Lloyds Register" klassifizierten Schiffe. Es sind das etwa 100- bis 150000 t weniger als die überhaupt erbauten. Die folgenden Zahlen umfassen alle in Großbritannien und Irland gebauten Schiffen:

	Dampfer		Segler		Zusammen	
	Zahl	Tonnen	Zahl	Tonnen	Zahl	Tonnen
1888	458	757 000	81	80 000	539	838 000
1889	595	1 083 000	95	125 000	690	1 209 000
1890	651	1 061 000	92	133 000	743	1 194 000
1891	641	878 000	181	252 000	827	1 130 000
1892	512	841 000	169	268 000	681	1 109 000
1893	438	718 000	98	118 000	536	836 000
1894	549	964 000	65	81 000	614	1 046 000
1895	526	904 000	53	45 000	579	950 000
1896	628	1 113 000	68	45 000	696	1 159 000
1897	545	924 000	46	28 000	591	952 000
1898	744	1 363 000	17	4 000	761	1 369 000
1899	714	1 414 000	12	2 000	726	1 416 000
1900	664	1 432 000	28	9 800	692	1 442 000

Wir sahen die erste Depression 1888 und endgültig 1889 aufhören, dann nach vier glänzenden Jahren eine neue, jedoch viel mattere Depression eintreten, die 1898 endgültig überwunden ist. In die Jahre 1889 bis 1893 fällt noch einmal ein Aufflackern des Segelschiffsbaus, verursacht durch abnorme Kohlenpreise und den Glauben, daß dadurch die Segelschiffsreederei zu neuer Blüte kommen werde. Namentlich wurden damals viele sehr große eiserne oder stählerne Schiffe für Massengüter auf weite Reisen hergestellt. Allein der freundlichere Stern für die Segelschiffsreederei ging bald wieder unter.

Welchen Umfang daneben der Bau von Kriegsschiffen noch einnimmt, mögen die folgenden Zahlen für die letzten 3 Jahre belegen. Die Kriegsschiffsbauten betrugen in Tonnen Deplacement:

	1898	1899	1900
für englische Rechnung	140 120	121 140	35 050
„ fremde „	51 435	44 450	33 314
Zusammen	191 555	165 590	68 364

Die Zahlen für die Handelsdampfer sind um einen kleinen Betrag größer als sie sein sollten, wenn man wirklich nur die Fracht- und Passagierschiffe betrachten will. Aus Reklamerücksichten führen die Werften in ihren Aufstellungen auch Eisbrecher, Bagger, Prähme und Baggerschuten mit auf, auch Flußdampfer, doch kommen diese in nennenswerter Zahl in England nicht vor.

Im produzierten Quantum steht England immer noch weitaus obenan. Und gestützt auf seine Kohlenprodukrion und seine hochentwickelte Eisenindustrie, auch auf die Tradition und die im Schiffsbau angewandten geistigen Kräfte dürfte es diesen Platz wohl nicht sobald verlieren. Dagegen hat sich in den Leistungen im einzelnen der deutsche Schiffsbau einen dem englischen vollkommen ebenbürtigen Rang erobert. Ja, die hervorragendsten Leistungen, die der Schiffsbau der Welt überhaupt in den letzten Jahren aufzuweisen hat, fallen Deutschland zu. Es sind das die großen Schnelldampfer „Kaiser Wilhelm der Große", „Deutschland" und „Kronprinz Wilhelm", sämtlich auf der Werft des „Vulkan" zu Bredow bei Stettin erbaut. Englische Fachblätter geben mit schmerzlichem Bedauern der Wahrheit die Ehre, indem sie anerkennen, daß auf diesem Gebiet zur Zeit das Prestige von England auf Deutschland übergegangen ist. England hat sich in den letzten Jahren weit weniger auf die schnellen Prachtdampfer geworfen. Die seit etwa 1880 aufkommenden ersten Schnelldampfer des Nordd. Lloyd („Elbe" u. s. w.) wurden noch sämtlich in Glasgow bei John Elder gebaut. Jetzt aber leistet der deutsche Schiffsbau Vorzüglicheres als der britische.

Im Umfang steht der deutsche Schiffsbau noch sehr beträchtlich hinter dem britischen zurück. Die Statistik darüber ist nicht so durchgebildet wie die englische; über Kriegsschiffe sagt sie gar nichts. Doch kann folgendcs verzeichnet werden:

(Siehe die Tabelle S. 58, oben.)

Ein wesentlicher Umstand für den deutschen Schiffsbau ist, daß er das Recht hat, ausländische Materialien zollfrei zu verwenden.

Lloyds Register giebt regelmäßig in Verbindung mit seiner britischen Schiffsbaustatistik auch eine solche vom Schiffsbau in den fremden Ländern. Sie ist zwar nicht fehlerfrei, dennoch nicht ohne Interesse, wobei es dem Leser überlassen bleibt, anzunehmen, daß die Fehler bei allen Ländern

An Handelsschiffen sind in Deutschland gebaut, — alles in Brutto-Registertonnen:

	Dampfer		Segler		Zusammen	
	Zahl	Tonnen	Zahl	Tonnen	Zahl	Tonnen
a) nach dem Bureau Veritas in Hamburg:						
1892	48	29 767	20	27 914	68	57 681
1893	48	57 552	13	8 922	61	66 474
1894	51	97 208	8	5 043	59	102 251
b) nach der Denkschrift des Reichs-Marineamts:						
1895	—	—	—	—	63	81 000
1896	—	—	—	—	54	80 000
1897	—	—	—	—	74	153 000
c) nach dem Germanischen Lloyd (exkl. Flußschiffe):						
1898	—	—	—	—	178	154 865
1899	222	196 738	85	13 163	307	209 891
1900	169	223 423	113	19 039	282	242 462
1901	168	219 346	66	13 513	234	232 859

etwa die gleichen seien. Es hatte in allen fremden Ländern an Stapelläufen im Jahre 1900 1 053 000 Tonnen ermittelt gegen 881 000 im Jahre 1899. Diese Zahlen schließen jedoch die Kriegsschiffe ein. Großbritannien hatte in den beiden Jahren einschließlich der Kriegsschiffe 1 510 000 bezw. 1 582,000 T. Sein Schiffsbau war also weit größer als der der ganzen übrigen Welt zusammen. Von der Zahl des Jahres 1900 entfallen auf die übrigen hauptsächlichsten Länder:

	Total Tonnen	davon Kriegsschiffe (Tonnen Deplacement)
Verein. Staaten	358 000	25 000
Deutschland	260 000	56 000
Frankreich	165 000	48 000
Holland	51 000	5 800
Italien	67 000	—
Rußland	39 000	32 000
Norwegen	33 000	260
Österreich	25 500	10 600

Die bedeutende Stellung der Vereinigten Staaten ist noch sehr jungen Ursprungs. Bisher hatte lange Jahre hindurch Deutschland die Führung nächst England. Das mächtige Anschwellen der Eisenindustrie, das Herabdrücken der früher durch Schutzzoll hochgehaltenen

Eisenpreise, das Anschwellen des Kapitalismus, des wirtschaftlichen Chauvinismus haben bewirkt, daß Nordamerika den ersten Platz erreicht hat. — Dort nimmt auch eben jetzt der Schiffsbau unter dem Einfluß des Riesenkapitals großkapitalistische Formen an, wie man sie weder in England noch in Deutschland kennt.

Wie lange indes dieses Verhältnis zwischen Deutschland und den Vereinigten Staaten dauern wird, ist ganz unsicher. Bei den Schiffen, die Ende Dezember 1900 im Bau waren, war es zu Gunsten Deutschlands verschoben, nämlich (nur Handelsschiffe):

	Dampfer	Segler
in Deutschland	196 000 Tonnen,	7 700 Tonnen,
„ den Verein. Staaten	185 500 „	12 300 „
„ Frankreich	66 700 „	54 300 „

Ende September 1901 war dagegen ein noch größeres Übergewicht Nordamerikas hervorgetreten:

	Dampfer	Segler
Deutschland	193 700 Tonnen,	4 800 Tonnen,
Verein. Staaten	220 400 „	12 200 „
Frankreich	58 000 „	84 800 „

In Frankreich ist der andauernd starke Bau von Segelschiffen eine sehr bemerkenswerte Erscheinung. In England und Deutschland wird von diesem rückständigen Typus fast nichts mehr hergestellt. Holland baut noch manche von den in seinen Gewässern so wohl angebrachten Fischer- und Küstenschiffen (1900: 27 Schiffe 9093 T.). Im übrigen sehen wir das Segelschiff vor allem in denjenigen beiden Ländern im Bau, die durch Bau- und Schiffahrtsprämien ihm das Fortleben ermöglichten. Die Vereinigten Staaten bauten 1900 125 Segelschiffe von zusammen 122 745 T., von denen 87 mit 81 046 T. an der atlantischen Küste, 32 mit 21 039 T. an der pazifischen Küste und 6 mit 20 660 T. an den großen Seen entstanden, deren Handelsflotte im übrigen in dieser ganzen Arbeit nicht mit berücksichtigt ist. Und was das merkwürdigste ist: die Vereinigten Staaten bauen immer noch hölzerne Schiffe; nicht etwa an den großen Seen; die hier gebauten 6 Segelschiffe, vermutlich riesige Schleppfahrzeuge, waren sämtlich von Eisen oder Stahl; wohl aber an den Küsten. 77 Segler von zusammen 69 053 T. wurden an der atlantischen Küste, 32 von zusammen 21 039 (also sämtliche dort überhaupt gebauten Segler) an der pazifischen Küste aus Holz konstruiert. Sogar hölzerne Seedampfschiffe bauten die Vereinigten Staaten noch, und zwar 32 von zusammen 17 454 T. — Am Jahresschluß waren jedoch überhaupt nur 17 Segler aller Art von zusammen 12 300 T. im Bau.

Frankreich baute 1900 40 eiserne Segler von zusammen 94 131 T. und 13 hölzerne von zusammen 2833 T.

Die Rückständigkeit der beiden Länder in Bezug auf die Schiffstypen, denen sich ihre Bauthätigkeit widmet, ist daher offenbar.

Auf den Schiffsbau der übrigen Länder einzugehen, würde hier zu weit führen, nur die eine bemerkenswerte Erscheinung darf hier nicht übergangen werden, daß ganz neuerdings auch Japan unter den Ländern erscheint, die Schiffe nach europäischem Typus bauen. 1900 liefen dort 3 Dampfer von zusammen 4543 T von Stapel und am Jahresschluß waren nicht weniger als 7 von zusammen 18 034 T. im Bau.

Unter den verschiedenen Größenklassen treten immer mehr die Riesendampfer in den Vordergrund. Für Großbritannien und Irland verteilt sich der Schiffsbau im Jahre 1900 auf folgende Größenklassen, wobei Kriegsschiffe ausgeschlossen sind:

	Dampfer	Segler
Unter 50 Tonnen	1	5
50— 99 „	17	3
100— 199 „	143	10
200— 499 „	111	5
500— 999 „	41	1
1 000— 1 999 „	60	4
2 000— 2 999 „	47	—
3 000— 3 999 „	119	—
4 000— 4 999 „	56	—
5 000— 5 999 „	26	—
6 000— 6 999 „	17	—
7 000— 7 999 „	12	—
8 000— 8 999 „	2	—
9 000— 9 999 „	4	—
10 000—10 999 „	4	—
Über 12 000 „	4	—
Zusammen	664	28

Der englische Schiffsbau ist in den ersten Jahrzehnten der Herrschaft des Eisens die Nährmutter für die Handelsflotten der Welt gewesen, nicht nur für die britische Flagge, sondern für alle. Er ist es in beschränktem Umfange noch. Von den Neubauten auf britischen Werften entfielen auf Reeder in

Großbritannien und Irland	1 109 000	Tonnen	Brutto,
die britischen Kolonien	18 000	=	=
also für englische Flagge	1 127 000	Tonnen	Brutto,
für fremde Flagge	315 000	=	=
Zusammen	1 442 000	Tonnen	Brutto.

Unter den fremden Ländern, für die der englische Schiffsbau thätig war, hat lange Jahre hindurch Deutschland fast ohne Unterbrechung obenan gestanden. So auch im Jahre 1900. Die wichtigsten fremden Länder sind

Deutschland	104 000	Tonnen	Brutto,
Österreich	80 000	=	=
Holland	24 000	=	=
Frankreich	21 000	=	=
Spanien	19 000	=	=
Rußland	13 000	=	=
Südamerika	12 000	=	=
alle übrigen	42 000	=	=
Zusammen	315 000	Tonnen	Brutto.

Dagegen war Ende September 1901 die englische Bauthätigkeit für deutsche Rechnung stark zurückgegangen.

Die gesamte Handelsflotte der Welt hat unter dieser starken Bauthätigkeit einen fast ununterbrochen wachsenden Umfang angenommen. Jedoch haben die Zahlen der Dampfer und der Segelschiffe einen entgegengesetzten Weg verfolgt, jene einen steigenden, diese einen sinkenden. Nach der Statistik des Bureau Veritas[1] betrugen unter Weglassung der Schiffe unter 100 Tonnen die

(Siehe die Tabelle S. 62.)

Die Aufstellung weist einige jähe Sprünge auf, die nicht in der Sache selbst, sondern nur in der Statistik liegen können. So den plötzlichen Rückgang der Segler in den Jahren 1877, 1884 und 1890; ebenso 1898 die Geringfügigkeit des Zuwachses der Dampfer an Nettotonnen gegenüber dem starken Zuwachs an Bruttotonnen. Eine Revision der Listen scheint zur Ausmerzung von Fehlern geführt zu haben. Für 1893 ist dies ausdrücklich bei den Seglern vermerkt.

[1] Diese ist besser als die offiziellen der Staaten; sie umfaßt nur die wirklichen Handelsschiffe, während manche Staaten die Schleppschiffe, Eisbrecher, Fährboote mitzählen. — Bei Kjaer, Les Marines marchandes, S. 27, fehlen verschiedene Länder, z. B. Rußland, Spanien, Portugal, ganz Südamerika.

Herbst	Dampfer			Segler		Zusammen Segler u. Netto-Dampfertonnen in 1000
	Anzahl	in 1000 Reg.-Ton. Brutto	in 1000 Reg.-Ton. Netto	Anzahl	in 1000 Tonnen	
1874	5 365	5 226	3 471	56 289	14 523	17 994
1875	5 519	5 364	3 590	57 258	15 099	18 689
1876	5 771	5 686	3 748	58 208	15 553	19 301
1877	5 471	5 507	3 595	51 912	14 799	18 394
1878	5 462	5 595	3 650	49 524	14 317	17 967
1879	5 897	6 179	4 021	49 024	14 103	18 124
1880	6 392	6 745	4 401	48 584	13 872	18 273
1881	6 857	7 475	4 880	49 037	13 911	18 791
1882	7 301	8 404	5 479	48 487	13 739	19 318
1883	7 764	9 232	6 037	48 074	13 647	19 684
1884	8 433	10 209	6 675	44 734	13 010	19 685
1885	8 394	10 269	6 719	43 692	12 867	19 586
1886	8 547	10 403	6 817	42 545	12 571	19 388
1887	8 718	10 632	6 954	41 281	12 174	19 128
1888	8 835	11 045	7 251	39 663	11 636	18 887
1889	9 256	11 913	7 748	37 567	11 081	18 829
1890	9 638	12 825	8 286	33 879	10 540	18 826
1891	10 103	13 805	8 872	31 666	10 217	19 089
1892	10 362	14 380	9 226	30 711	10 093	19 319
1893	10 629	15 134	9 674	29 756	9 829	19 503
1894	10 744	15 657	9 994	29 333	9 547	19 541
1895	10 896	16 338	10 360	29 570	9 323	19 683
1896	11 155	17 089	10 761	29 348	9 136	19 897
1897	11 271	17 889	11 427	29 315	8 894	20 321
1898	11 576	18 887	11 687	28 885	8 693	20 380
1899	11 456	19 711	12 165	27 867	8 347	20 512
1900	12 289	21 787	13 465	27 982	8 205	21 671
1901	12 702	23 379	14 663	27 854	8 119	22 782

Zu einer vollständigeren Einsicht gehört auch die Verzeichnung der Verluste, die die Handelsflotte durch Untergang und Abbruch der Schiffe erleidet. Die Nachweise des Bureau Veritas gehen nicht soweit zurück, doch dürfte hier auch folgendes genügen:

(Siehe die Tabelle S. 63, oben.)

Die Tabelle über die Tonnenzahl der gesamten Dampfer- und Segelflotte zeigt eine überraschende Erscheinung: eine überaus geringfügige Zunahme. Mit der Vorstellung vom bedeutenden Anwachsen der Schiffahrt steht sie wenig in Einklang. Sie kann aber nur für den ersten Augenblick verblüffen. Denn der Schwerpunkt liegt darin, daß das Segelschiff immer mehr durch das Dampfschiff ersetzt wird und daß das letztere wegen seiner raschen Reisen und der Geschwindigkeit seines Ent- und Beladens früher das dreifache, später das vierfache Transportvermögen des Segelschiffes erlangt hat.

Im Jahre	Dampfer		Segler		Zusammen	
	Zahl	1000 Netto-Tonnen	Zahl	1000 Tonnen	Zahl	1000 Tonnen
1888	190	145	1391	529	1581	674
1889	214	148	1195	428	1409	576
1890	238	184	970	358	1208	542
1891	205	171	1568	477	1775	658
1892	230	183	2057	634	2387	827
1893	245	169	2288	646	2533	815
1894	319	232	1672	574	1991	806
1895	337	215	1568	470	1905	685
1896	302	230	1454	480	1756	710
1897	331	267	1538	506	1869	773
1898	338	287	1687	440	2025	727
1899	893 [1]	314	1656	486	2549	800
1900	363	295	1514	431	1877	726
1901	279	398	1092	359	1371	757

Berücksichtigt man dies, so ergiebt sich ein stetiger, starker Fortschritt des Transportvermögens der Handelsflotten, das hier nur an einigen Stichproben gezeigt werden soll:

Verhältnis	Transportvermögen in 1000 Tonnen			
	im Jahre	der Dampferflotte	der Segelflotte	Zusammen
1 : 3	1875	10 770	15 099	25 869
1 ; 3	1880	13 203	13 872	27 075
1 : 3	1885	20 157	12 867	33 024
1 : 4	1890	33 144	10 540	43 684
1 : 4	1895	41 440	9 323	50 763
1 : 4	1900	53 860	8 205	62 065
1 : 4	1901	58 652	8 119	66 769

Die Segelflotte, die 1876 ihr absolutes Maximum erreicht, wird schon um 1880 an Transportvermögen von der Dampferflotte eingeholt und am Schluß des Jahrhunderts ist die Leistungsfähigkeit der letzteren im Dienste des Handels beinahe sieben Mal so groß wie die der Segler.

Die einzelnen Flaggen haben ganz verschiedenartige Schicksale durchgemacht. Immer an erster Stelle geblieben ist die englische. Sie hat ihr Übergewicht im allgemeinen noch gesteigert, wenn auch neuerdings einige andere Flaggen, namentlich die deutsche und die noch sehr kleine japanische relativ schnellere Fortschritte gemacht haben. Die englische

[1] Die verblüffend große Zahl ist in der Veritas-Statistik so angegeben; soll wahrscheinlich 393 heißen.

Reederei ist am entschlossensten mit der Abstoßung der Segelschiffe und ihrer Ersetzung durch Dampfer vorgegangen. Die glückliche geographische Lage Englands, der politische Aufschwung im 18. und 19. Jahrhundert, die Erwerbung der vielen und großen Kolonien, die Brutalität der Navigationsakte, die jedoch dem weiseren System der Verweisung der Reederei auf ihre eigene Kraft Platz machte, die riesenhafte Zunahme des britischen Außenhandels sind Momente gewesen, die den Siegeszug der britischen Handelsflotte bewirkt haben. Auch die unerschütterliche Zuversicht auf das Britannia rules the wave trug dazu bei, den englischen Reeder zu bewegen, sein Privateigentum den fernsten Meeren anzuvertrauen. Schon allein die britische Kohlenausfuhr hat der Frachtschiffahrt sehr bedeutende und wachsende Verdienstgelegenheit verschafft; zwar nicht der britischen allein, aber doch ihr in erster Linie. Die Kohlenausfuhr aus Großbritannien betrug

1860		7 321 000	Tonnen,
1890		28 738 000	"
1900	ca.	45 000 000	"

In ähnlichem Maße ist denn auch die Einfuhr von Lebensmitteln und fremden Industrierohstoffen und auf Grund der stetigen Zunahme der industriellen Leistungsfähigkeit auch die Ausfuhr von Fabrikaten gewachsen. Ein wichtiges Kapital besteht aus den regelmäßigen Dampferlinien, die zahlreiche Verbindungen über den ganzen Erdball herstellen und als Postdampferlinien teils vom Mutterlande, teils von den Kolonien, teils von fremden Staaten Subvention beziehen. Die Summe, die von England (British Government) als Subvention bezahlt wird, giebt der Jahresbericht der Londoner Schiffsmaklerfirma John White vom 1. Januar 1901 auf 742 300 Pfd. Sterl. an, wozu noch 65 000 Pfd. für Schiffe kommen, die unter Aufsicht der Kriegsmarine so gebaut werden, daß sie im Kriegsfall als Kreuzer dienen können. Das wären 16 489 000 Mark. Das Fachblatt Fairplay vom Mai 1901 nennt 764 117 resp. 63 200 Pfd. Sterl., also ganz ähnliche Zahlen.

Trotzdem gilt für das Gros der englischen Handelsflotte der Grundsatz vollkommener Selbstverantwortlichkeit und des Verzichts auf Staatshilfe. Die gewöhnliche Fracht- und Passagierfahrt wird in keiner Weise unterstützt, auch nicht einmal durch Hafenbauten; diese sind entweder durch reine Aktienunternehmen (wie z. B. sämtliche Docks in London; sie gehören 4 oder 5 Gesellschaften) oder durch vom Staate konzessionierte „Boards" geschaffen, die ihre Gelder nur vom Schiffsverkehr und etwaigen

Speicherunternehmungen erheben (wie z. B. in Liverpool und Glasgow). Die Masse der Reedereien hat zum Wettkampfe mit englischen wie mit fremden Reedereien nichts als die eigene Kraft, den eigenen kühnen Mut, die ungehemmte Einwirkung guter und böser Erfahrungen. Gleichzeitig hat sie auch (bisher wenigstens) den Vorteil der billigsten Preise für Eisen, Stahl und Steinkohlen, so daß ihr die Schiffe am billigsten zu stehen kamen; an diesem Vorteil haben jedoch die Reedereien solcher Länder Anteil, die auf Schiffe oder Schiffsbaumaterialien keinen Zoll erheben, also z. B. Deutschland, Holland, Skandinavien im Gegensatz zu Frankreich und den Vereinigten Staaten.

Über die englische Handelsflotte liegen wohl die sorgfältigsten und mannigfaltigsten statistischen Aufzeichnungen vor, ohne jedoch, wie es das Verhängnis der Schiffahrtsstatistik zu sein scheint, unter sich völlig übereinzustimmen. Es kann unmöglich der Zweck dieser Zeilen sein, auf ihre Abweichungen einzugehen. Hier seien nur zur Ergänzung der mir vorliegenden Veritasstatistik einige ältere Daten aus Kjaer, La marine marchande, die ihrerseits mit 1880 aufhört, wiedergegeben.

Die britische Flagge besaß darnach einschließlich der Schiffe der britischen Kolonien:

	Segler	Dampfer
1815	2 368 000 T.	427 T.
1830	2 000 000 „	30 000 „
1840	2 698 000 „	81 000 „
1850	3 570 000 „	165 000 „

Die folgenden Zahlen sind einem am 15. März 1892 von John Glover vor der Royal Statistical Society in London gehaltenen Vortrag entnommen. Sie beziehen sich nur auf Großbritannien und Irland, schließen also die Kolonien, die Kjaer für 1850 mit 559 000 T. Seglern und 16 000 T. Dampfern verzeichnet, aus:

	Segler		Dampfer	
	Zahl	Tonnen	Zahl	Tonnen
1850	24 797	3 396 000	1187	168 000
1860	25 663	4 204 000	2000	454 000
1870	23 189	4 577 000	3178	1 112 000

Ich kehre nun wieder zu den Zahlen des Bureau Veritas zurück, die Großbritannien mit allen seinen Besitzungen umfassen (Segler nur über 50 T., Dampfer nur über 100 T.):

Herbst	Segler		Dampfer		Zusammen	
	Zahl	1000 Tonnen	Zahl	1000 T. Netto	Zahl	1000 Tonnen
1875	19 709	5543	3152	2088	22 861	7 621
1880	18 352	5486	3787	2773	22 139	8 259
1885	14 939	4714	4852	4159	19 791	8 873
1890	10 559	3693	5302	5106	15 861	8 799
1895	8 793	3333	5771	6231	14 564	9 564
1898	8 125	2910	5707	6739	13 832	9 649
1899	7 706	2662	5453	6758	13 159	9 420
1900	7 326	2513	5649	7395	12 975	9 908
1901	7 134	2352	5621	7817	12 755	10 169

Das ist eine Entwicklung, die — wenigstens nach absoluten Ziffern — die aller anderen Handelsflotten tief in Schatten stellt.

Dem Gloverschen Vortrag entnehme ich noch folgende Zahlen betreffs des Anwachsens des Schiffsverkehrs in Großbritannien und Irland. Sie umfassen Ankunft und Abgang zusammen; ebenso beladene und unbeladene Schiffe:

	1000 Tonnen
1850	39 634,
1860	58 707,
1870	73 198,
1880	133 250,
1890	164 340,
1899	203 428 [1].

Ankunft von und Abgang nach Häfen fremder Länder und britischer Kolonien, also unter Ausschluß des Küstenhandels, ergiebt folgende Zahlen, gültig für beladene wie für unbeladene Schiffe:

	1000 Tonnen	Davon britische Schiffe in 1000 Tonn.	Davon fremde Schiffe in 1000 Tonn.
1850	14 505	9 442	5 062
1860	24 689	13 914	10 774
1870	36 640	25 072	11 568
1880	58 736	41 348	17 387
1890	74 283	53 973	20 310
1899	91 864 [1]	61 833 [1]	30 031 [1].

Die Gesamtheit des neuerlichen Schiffsverkehrs von Großbritannien und Irland erhellt aus folgenden Daten der angeführten amtlichen eng-

[1] Offizielle Zahlen nach dem Annual Statement of Navigation and Shipping, 1899.

lischen Statistik. Sie umfaßt alle angekommenen Schiffe (im Gegensatz zum vorigen also unter Weglassung des Abgangs) in Ladung wie in Ballast, vom Inlande wie vom Auslande, britische wie fremde:

1895	384 330	Schiffe,	94 306 000	Tonnen,
1899	359 821	=	105 188 000	=

und zwar für 1899:

	Britische Flagge		Fremde Flagge	
	Schiffe	1000 Tonnen	Schiffe	1000 Tonnen
Segler	85 669	6 990	10 508	3 202
Dampfer	240 474	79 824	23 170	15 171

Selbst in dem kolonienreichen England steht jedoch der Schiffsverkehr mit den eigenen Kolonien weit zurück gegenüber dem sonstigen. Von den Ankünften des Jahres 1899 entfallen auf:

den Küstenverkehr	56 312 000	Tonnen,
britische Kolonien	5 399 000	=
fremde Länder	43 477 000	=

Über die Besatzung der Handelsflotte Großbritanniens und Irlands, auch Insel Man und Kanalinseln, liegen in ein und demselben Bande des Annual Statement of the Navigation and Shipping of the United Kingdom for the year 1899 zwei stark abweichende Angaben vor. Auf S. IX. wird folgendes angegeben, und zwar für 15 197 Schiffe:

Persons employed:

	Engländer	Fremde	Total (nur hier Laskaren einbegriffen)
Segler	44 328	9 934	54 333
Dampfer	129 938	26 130	189 802
Zusammen	174 266	36 064	244 135

Dagegen S. 275 als am 15. Dezember 1899: Persons under agreement, jedoch nur für 12 849 Schiffe:

	Engländer	Fremde	Laskaren	Total
Segler	44 368	8 549	52	52 951
Dampfer	163 704	22 765	31 425	217 894
Zusammen	208 072	31 314	31 477	270 845.

Die Kapitäne sind eingeschlossen, ebenso 11 748 Fischer. Die beträchtliche Zahl der Fremden, namentlich der Laskaren ist ein sehr beachtenswertes Moment. — Die Differenz der Zahlen kann ich nicht aufklären.

Für die ältere Zeit giebt der mehrfach citierte Glover'sche Vortrag noch folgende Daten:

	Mannschaften (men employed)			
	auf Seglern	Dampfern	Total	davon Fremde
1850	142 730	8 700	151 430	—
1860	145 487	26 105	171 592	14 280
1870	147 207	48 705	195 962	18 011
1880	108 668	84 304	192 972	23 280
1890	84 008	129 366	213 374	27 227.

Darnach hat zwischen 1890 und 1900 die Zahl der in der britischen Seeschiffahrt beschäftigten Engländer um ca. 5300 abgenommen, die der Fremden um ca. 35 500, meist Laskaren, zugenommen.

Endlich sei hier nach Glover noch eine Übersicht der Verluste an Menschenleben, jedoch nur der Seeleute, nicht der Passagiere, in der britischen Schiffahrt wiedergegeben:

	Anzahl der bei Totalverlusten und Unglücksfällen (wreck and casualty), Fischer ausgenommen, verlorenen Menschenleben		Berechnet auf je 100 000 T. in Großbritannien angekommener und abgegangener britischer Schiffe	
	auf Seglern	auf Dampfern	für Segler	für Dampfer
1881	1354	468	4.17	0.57
1882	1508	916	4.84	1.05
1883	1146	774	3.81	0.82
1884	1200	492	4.30	0.51
1885	540	718	1.93	0.73
1886	734	155	2.76	0.16
1887	773	646	2.89	0.62
1888	687	581	2.63	0.52
1889	557	418	2.20	0.36
1890	480	482	2.06	0.41

Die Verluste zeigen sowohl im Total wie im Verhältnis zum Schiffsverkehr eine sinkende Tendenz; sie tritt allerdings bei Seglern viel stärker hervor als bei Dampfern.

Von den übrigen Handelsmarinen erregen nur einige wenige ein specifisches Interesse. Die holländische, die im 17. und noch zu Anfang des 18. Jahrhunderts drei Fünftel aller Handelsschiffe Europas besessen haben soll — so heißt es in einer Eingabe Colberts an Ludwig XIV. —, hat ihren Platz eingebüßt und ist, seitdem sie im Jahre

1859 nach Kjaer rund 550 000 T., dann nach einem Rückgang von neuem auf 517 000 T. gestiegen war, beträchtlich zurückgegangen. Erst ganz neuerdings wächst auch sie wieder (Zahlen nach Veritas):

	Segler		Dampfer		Zusammen	
	Zahl	in 1000 Tonnen	Zahl	in 1000 Tonn. Netto	Zahl	in 1000 Tonnen
1874	1418	385	107	69	1525	454
1880	1112	332	111	80	1223	412
1898	541	121	227	250	768	371
1899	663	118	224	251	887	369
1900	676	120	257	306	933	426
1901	681	121	269	326	947	447

Holland hatte sich en dépit von der Reederei abgewandt, namentlich in den siebziger und achtziger Jahren, als sich der luxuriöse Betrieb der alten „Ostindienfahrer“ fernerhin unmöglich erwies.

N o r w e g e n hat von jeher eine eigene Stellung eingenommen. Seine Beteiligung am Welthandel konnte nur gering sein. Das Land hat nur 2 Millionen Einwohner und sehr wenig eigene Ausfuhrerzeugnisse. Dagegen eignet sich der körperlich so hervorragende skandinavische Stamm vortrefflich für die Seefahrt. Kühnere und tüchtigere Seeleute als die Norweger giebt es wohl nicht. Sie sind also auf die Schiffahrt im Dienste anderer Länder und auf Engagement auf fremden Flotten angewiesen. Da sie an Kapitalskraft mit vielen anderen seefahrenden Nationen nicht konkurrieren können, so mußten sie sich auf den Ankauf älterer, minder wertvoller Schiffe verlegen, die sich für den Transport weniger wertvoller Waren eignen, vor allem für Holz, das von Schweden, Rußland, Canada nach allen holzärmeren Gegenden Europas, neuerdings auch viel von West-Canada nach Ostasien geht. Da Holzschiffe auf ihrer Ladung schwimmen können, so wird bei ihnen die Gefahr des Unterganges sehr verringert, wenn nicht eine zu große Decklast geschaffen wird.

Lange Zeit war die norwegische Handelsflotte nächst der englischen die größte in Europa. Erst in den letzten Jahren ist sie von der deutschen überflügelt worden. Ihr Umfang betrug:

(Siehe die Tabelle S. 70.)

Seit dem Höhepunkt im Jahre 1890 ist also auch die norwegische Segelflotte beträchtlich zurückgegangen. Die Dampferflotte hat sich wohl im wesentlichen auf gleiche Weise gebildet.

	Segler		Dampfer		
	Zahl	1000 Tonnen	Zahl	1000 Tonn. Brutto	1000 Tonn. Netto
1850 (nach Kjaer)	?	288	?	?	?
1880 „ Veritas)	4160	1371	148	67	49
1890 „ „	3567	1409	371	245	176
1899 „ „	2306	956	657	672	417
1900 „ „	2123	898	719	769	479
1901 „ „	2002	883	758	779	499

Das Schicksal der nordamerikanischen Flotte in seinen Hauptpunkten habe ich schon berührt: die Begünstigung des Schiffsbaus durch die reichen Waldbestände, das Aufhören dieses Vorteils durch das Emporkommen des Eisenschiffsbaus, die Zerstörung vieler Schiffe während des Bürgerkrieges durch die südstaatlichen Kreuzer und den Verkauf vieler derselben aus Furcht vor solcher Zerstörung. Der Sieg der Nordstaaten war zugleich ein Sieg des Schutzzolls. Die Eisenproduzenten machten ihre Macht nun rückhaltlos geltend. Zölle auf Schiffsbaurohstoffe verteuerten die Erzeugnisse des Schiffsbaus so, daß sie mit auswärts gebauten Fahrzeugen nicht konkurrieren konnten. Um den Schiffsbau schadlos zu halten, wurde es gänzlich verboten, Schiffe ausländischen Ursprungs unter nordamerikanische Flagge zu bringen. Da zugleich die gesamte Küstenschiffahrt der nordamerikanischen Flagge vorbehalten blieb — sogar einschließlich der Reisen zwischen atlantischen und pazifischen Häfen —, so hatte der Schiffsbau in der That einen Ersatz daran, auch abgesehen von demjenigen an den großen Seen.

Aber der Zuwachs der Küstenflotte reichte im allgemeinen nicht weiter als um die fortwährenden Verluste der Ozeanflotte zu decken. Dem konnten auch die in den letzten Jahrzehnten freigebig verteilten Postkontrakte sowie die Subvention von 1891 nicht steuern. Vielmehr geht zeitweilig sogar die Dampferflotte erheblich zurück. Und die Segelflotte erleidet von 1887 bis 1898 ein volles Drittel ihres Bestandes. Erst die außerordentlichen Anstrengungen der allerletzten Jahre, auf die sogleich zurückzukommen sein wird, haben die Dampferflotte wieder etwas herausgerissen.

Für die alte Zeit gebe ich hier die Zahlen nach Kjaer, die jedoch die Küstenfahrzeuge nicht mit umschließen:

	Segler in 1000 Tonnen	Dampfer in 1000 Tonnen	Total in 1000 Tonnen	Walfischfänger (Segler) in 1000 Tonnen
1850	1234	30	1265	125
1858	1922	52	1975	170
1861	1833	61	1894	125
1864	1195	83	1278	81
1870	1172	138	1310	65
1879	1243	115	1359	38

In Heft III (Navigation maritime) giebt Kjaer mit einem Mal völlig andere Zahlen, bei denen jedoch die Küstenschiffahrt eingeschlossen ist.

1879	2031	534	2565	

Veritas giebt Zahlen auf ganz anderer Grundlage. Die Küstenfahrt ist eingeschlossen, dagegen sind die Walfischfänger nicht ausgesondert. Auch sind, wie immer, Segler unter 50 Tonnen und Dampfer unter 100 Tonnen ausgeschlossen. Seine Zahlen lauten:

Herbst	Segler		Dampfer			Segler und Netto-Dampfertonnen in 1000
	Zahl	in 1000 Tonnen	Zahl	in 1000 T. Brutto	in 1000 T. Netto	
1874	6869	2181	613	768	503	2684
1880	5958	2048	548	634	384	2427
1890	3406	1445	419	533	375	1920
1898	3697	1285	502	810	546	1831
1899	3497	1291	551	970	672	1963
1900	3671	1360	674	1183	808	2168
1901	3726	1397	747	1369	913	2310

Die amtliche Statistik vom 30. Juni 1899 lautet:

Dampfer	6 837	Schiffe,	2 476 011	Tonnen,
Segler	15 891	"	2 388 237	"
	22 728	Schiffe,	4 864 238	Tonnen (Brutto?).

Verteilung:

Atlantische Küste	2 614 869 T.,	Auswärt. Handel	837 229 T.,
Pazifische "	539 937 "	Küstenhandel	3 965 313 "
nördliche Seen	1 446 348 "	Walfischfang	11 017 "
Flüsse	263 084 "	Kabeljaufang	50 679 "
	4 864 238 T.		4 864 238 T.

Die Zahlen aus den verschiedenen Quellen stimmen, wie man sieht, sämtlich sehr schlecht überein. Meinerseits schenke ich am meisten Vertrauen den Veritas-Zahlen; sie genießen in kaufmännischen Kreisen mehr Ansehen als die übrigen. Gewiß ist der Rückgang der amerikanischen Flagge für den Welthandel. Ein amerikanisches Schiff war das erste, das in den Hafen zu Bremerhaven legte; jetzt ist gewiß seit Jahrzehnten das Streifen- und Sternenbanner dort nicht mehr gesehen. Nach Glover kamen in England an beladenen Schiffen unter amerikanischer Flagge an:

1850	1 215 000 Tonnen,
1860	2 734 000 "
1870	1 134 000 "
1880	882 000 "
1890	272 000 "
1900 (offizielle Statistik)	196 000 "

Das erläutert den Rückgang Amerikas besser als alles übrige.

Und sogar in der Beteiligung an dem Verkehr des Außenhandels des eigenen Landes ist die amerikanische Flagge immer mehr zurückgegangen:

	Gesamt-Außenhandel der Verein. Staaten Mill. $	Davon auf amerik. Schiffe Mill. $	Prozentualer Anteil der amerik. Flagge
1869	876	289	23,1
1879	1183	272	23
1889	1420	203	14,3
1899	1806	160	8,9.

Amerikanische Politiker haben berechnet, daß die Verein. Staaten an Frachten für den Außenhandel an Schiffe fremder Flaggen jährlich 175 Mill. Dollar zahlen. Man schiebt den Rückgang der amerikanischen Reederei in dem Bericht des Senats vom Sommer 1900 über die vorgeschlagene neue Subvention auf folgende Ursachen: Eine Bruttodampfertonne koste auf amerikanischen Werften 160 Dollar, während sie in England schon zu 140 Dollar zu haben sei. Der höhere amerikanische Zinsfuß auf dieses höhere Anlagekapitel und demgemäß auch Versicherung und Abschreibung verteuern den Betrieb im Vergleich zu England um jährlich 4,60 Dollar pro Tonne. Außerdem sei in Amerika die Besoldung der Schiffsmannschaft höher. Zuletzt wird noch hervorgehoben, daß fremde Flotten höhere Subvention genössen. Europa und Japan verwendeten angeblich darauf 26 Mill. Dollar, die Verein. Staaten im letzten Fiskaljahr nur 998 211 Dollar.

Die ungeheuren natürlichen Hilfsquellen des Landes an fruchtbarem Gelände und Bodenschätzen gestatteten dem nordamerikanischen Volke, seine Handelsflotte zu vernachlässigen. Es überließ den Seeverkehr genügsameren Völkern und wandte sich selbst den günstigeren Erwerbsgelegenheiten seiner Landwirtschaft, seiner Industrie und seines Bergbaus zu.

Seit dem spanischen Kriege ist dem nordamerikanischen Volke die Minderwertigkeit seiner Handels- und Kriegsflotte recht zum Bewußtsein gekommen. An der Verstärkung der Kriegsflotte wird mit Eifer gearbeitet. Man hat sich sogar entschlossen, im Auslande gebauten Handelsschiffen die amerikanische Flagge zu gewähren, wenn auch unter der Bedingung, daß die Eigentümer ein gleich großes Schiff auf amerikanischen Werften bauen lassen; zugelassene Schiffe behalten zwar die Flagge, aber der Kongreß hat sich vorbehalten, eine solche Möglichkeit immer von neuem durch besonderen Entschluß zu schaffen. Das Riesenkapital wirft sich auf den Schiffsbau. Ob das nur geschieht, um dem Stahltrust Absatz zu schaffen, läßt sich nicht beurteilen.

Zu Anfang Mai 1901 ist eine wichtige Begebenheit eingetreten: der Ankauf einer ganzen englischen Dampferlinie durch amerikanisches Kapital. Es handelt sich um die Leyland-Linie. Diese in London domizilierte, jedoch von Liverpool aus betriebene Linie besaß 34 Dampfer von 700 bis 10 000 Tonnen, zusammen 300 000 Tonnen, und unterhielt regelmäßige Fahrten nach dem Mittelmeer und Westindien. Ihr Aktienkapital betrug 1 200 000 £. Die Gesellschaft wurde in England an Größe nur von der Peninsular and Oriental-Line übertroffen, steht jedoch hinter der Hamburg-Amerika-Linie und dem Nordd. Lloyd weit zurück. Ihre Aktien wurden vor dem Ankauf mit etwa Pari bewertet. Nun kam das Pierpont-Morgan-Syndikat in New-York und bot für die Gesamtheit der gewöhnlichen Aktien 145 Prozent oder 1 760 000 £. Dazu schlossen die alten Aktionäre den Verkauf ab. Die Reederei wird einstweilen für amerikanische Rechnung unter englischer Flagge weiter betrieben. Man sagt, daß die Spekulation auf amerikanische Subvention bei diesem Besitzwechsel mitgewirkt habe. Angegeben wird nur die Absicht, gewissen amerikanischen Eisenbahnen, über die das Syndikat die Verfügung hat, Frachtgüter zuzuführen. Amerikanischer Enthusiasmus sieht bereits den größeren Teil der europäischen Flotte durch das amerikanische Riesenkapital erworben. Wenn es dazu solche Zuschläge zu den in Europa für erforderlich gehaltenen Summen bewilligen will, wie beim Ankauf der Leyland-Linie hervorgetreten, so wird es viele Aktien resp. ganze Gesellschaften kaufen können. Wie es dabei aber zu einem wirtschaftlichen Erfolge kommen möchte, ist nicht abzusehen, trotz der amerikanischen Subvention.

Schon einmal haben die Amerikaner mit einer Subvention einen vollständigen Mißerfolg gehabt. Im Jahre 1891 ermächtigte ein Gesetz den General-Postmeister, Postkontrakte auf 10 Jahre unter folgenden Bedingungen abzuschließen: die Schiffe sollten in Nordamerika gebaut und ganz mit Nordamerikanern bemannt sein, dann sollten sie für die Ausreise (für die Heimreise nicht) eine Prämie erhalten pro Meile von

4	Dollar	bei	8000	Tonnen	Brutto	und	20	Knoten	Geschwindigkeit,
2	"	"	5000	"	"	"	16	"	"
1	"	"	2500	"	"	"	14	"	"
2/3	"	"	1500	"	"	"	12	"	"

Nach England sollte die Post nur Schiffen erster Klasse gegeben werden, wie die Verein. Staaten sie damals gar nicht besaßen und auch jetzt nur ganz spärlich ihr eigen nennen. Diese sehr hohe Unterstützung hat an dem Thatbestand, daß die amerikanische Postverwaltung fast die ganze Post ausländischen Schiffen zur Beförderung übergeben mußte, fast nichts geändert. Sie ist dabei geblieben, die Post dem jeweils die schnellste Reise versprechenden Dampfer auszuliefern, ohne Rücksicht auf die Flagge, während trotz der Klagen seiner Kaufleute England nur englische Schiffe benutzt. Die Geringfügigkeit des Einflusses auf die amerikanische Reederei erhellt aus den oben gegebenen Zahlen.

Das hat jedoch nicht verhindert, daß die Interessenten, wahrscheinlich die Eisen- und Stahlleute, verbündet mit Schiffsbau und Reederei, von neuem mit dem Ansinnen auf höhere Subvention gekommen sind. Im Senat wurde im Sommer 1900 ein Gesetzentwurf eingebracht, über welchen dem Deutschen Reichstag in einer Denkschrift folgende Mitteilung gemacht wird:

„Die in Aussicht genommenen Vergütungen bestehen:

1. in einer Schiffahrtsprämie, welche gleichmäßig sämtlichen im Auslandshandel beschäftigten, in Amerika gebauten und amerikanischen Bürgern oder einheimischen Gesellschaften gehörigen Schiffen — sowohl Segel- wie Dampfschiffen — gewährt wird, und

2. in einer Zuschlagsprämie, die nur Dampfschiffen zu gute kommen soll.

„Die Schiffahrtsprämie (1) beläuft sich auf $1^1/_2$ Cts. pro Tonne Brutto (gross ton) für je 100 zurückgelegte Seemeilen; überschreitet die Länge der Fahrt 1500 Meilen, so verringert sich der Satz pro Tonne Brutto und für je 100 Meilen auf 1 Cts. Die Länge des Reiseweges wird für Ausreise und Heimreise gesondert berechnet.

„Als Grundlage für die Prämienberechnung (1) dient in der Regel (bei Frachtdampfern ausschließlich) der Brutto-Tonnengehalt des Schiffes. Bei Passagier- und Postdampfern aber soll zunächst vom Brutto-Tonnengehalt der Raum, welcher dauernd für die Aufnahme der Passagiere und Postsachen bestimmt ist, in Abrechnung gebracht werden. Erst der hieraus sich ergebende Rest des Tonnengehalts wird bei Berechnung der Prämie berücksichtigt.

„Die Zuschlagsprämie (2) für Dampfschiffe ist je nach Größe und Schnelligkeit des Schiffes verschieden bemessen. Sie wird für die Ausreise pro Tonne Brutto der gesamten Tonnage (ohne Raumabzug für Passagierraum) berechnet; dagegen werden bei Berechnung der Prämie für die Heimreise nur 80 pCt. der Tonnage in Anrechnung gebracht.

„Die einzelnen Sätze sind folgende für je 100 Seemeilen und pro Tonne bei Schiffen von mehr als 2000 Tonnen:

1.	mit	11	Seem.	und weniger als	12	Seem.	$^{4}/_{10}$	Cts.
2.	=	12	=	= = =	13	=	$^{6}/_{10}$	=
3.	=	13	=	= = =	14	=	$^{8}/_{10}$	=
4.	=	14	=	= = =	15	=	1	=
5.	=	15	=	= = =	16	=	$1^{1}/_{10}$	=
6.	=	16	=	= mehr			$1^{2}/_{10}$	=

Bei Schiffen von mehr als 4000 Tonnen:

7.	mit	17	Seem.	und weniger als	18	Seem.	$1^{4}/_{10}$	Cts.
8.	=	18	=	= = =	19	=	$1^{6}/_{10}$	=
9.	=	19	=	= mehr =			$1^{8}/_{10}$	=

Bei Schiffen von mehr als 10000 Tonnen:

10.	mit	20	Seem.	und weniger als	21	Seem.	2	Cts.
11.	=	21	=	= mehr =			$2^{3}/_{10}$	=

„Die Prämien (1 und 2) werden für Schiffe, welche vor dem 1. Januar 1900 vom Stapel gelassen sind, auf 10 Jahre, für Schiffe, welche nach dem 1. Januar vom Stapel gehen, auf 20 Jahre bewilligt. Während der 20 Jahre vermindert sich aber vom 11. Jahre ab die Prämie jährlich um 5 pCt.

„Die Gesammtsumme, welche zur Unterstützung der amerikanischen Handelsflotte in Form von Schiffahrts- und Zuschlagsprämien verwendet werden soll, ist auf 9 Millionen Dollars jährlich (36,8 Mill. Mark) festgesetzt. Die Verwendung der Prämiengelder hat in der Weise zu erfolgen, daß auf die im Atlantischen Ozean (und im Golf von Mexiko) am Seehandel beteiligten Schiffe 70 pCt., auf die an der Pacificküste beschäftigten Schiffe 30 pCt. entfallen. Nach einer Zusammenstellung im Report des Secretary of the Treasury 1899 waren an der atlantischen

Küste (einschließlich des Golfes von Mexiko) 16 275 Schiffe beschäftigt (1898: 16 442), an der pacifischen Küste 1970 Schiffe (1898: 1754). In Prozenten entfallen somit auf die Ostküste 90,3 pCt., auf die Westküste 9,7 pCt. Die obige Bemessung der Anteile (70 pCt. und 30 pCt.) entspricht somit nicht dem derzeitigen Stande der geographischen Verteilung der Schiffe. Die Erklärung aber für die Bemessung der Anteile liegt darin, daß von amerikanischer Seite ausgesprochenermaßen auf eine starke Ausdehnung des Schiffsverkehrs zwischen der Pacificküste und dem asiatischen Kontinent hingearbeitet wird. Zur Unterstützung des Seeverkehrs nach Ostasien soll daher von Anfang an ein größerer Teil der Gesamtunterstützung zur Verwendung gelangen, als der Schiffsbestand zur Zeit bei gleichmäßiger Verteilung nach Anzahl der Schiffe erfordern würde.

„Die Prämien (1 und 2) werden unter folgenden Bedingungen ausgezahlt:

„Das Schiff muß sich im Besitz eines Amerikaners, bezw. einer amerikanischen Gesellschaft befinden und muß vorschriftsmäßig für den Auslandshandel registriert sein.

„Nur solche Schiffe, welche der ersten Klasse der Schiffsklassifikation (A 1) angehören, sind zum Prämienempfange berechtigt.

„Das Schiff muß (in der Regel) in Amerika gebaut sein. Im Auslande gebaute Schiffe erhalten nur 50 pCt. der Prämien. Eine Übergangsbestimmung ist aber vorgesehen, nach welcher ausnahmsweise im Auslande erbaute Schiffe ein Anrecht auf die volle Prämie haben sollen, wenn sie am 1. Januar 1900 von einem amerikanischen Hafen nach einem auswärtigen Hafen in Fahrt begriffen waren, oder am 1. Januar 1900 sich im Bau befanden. Vorbedingung soll auch in diesem Falle sein, daß sich die Schiffe im amerikanischen Besitz befinden. Außerdem müssen die Schiffseigentümer das Versprechen abgeben, daß sie innerhalb der nächsten zehn Jahre ein gleichwertiges in Amerika gebautes Schiff als Ersatz des fremden Schiffes in die amerikanische Handelsmarine einstellen werden.

„Die Schiffe können zu jeder Zeit von der Regierung als Kreuzer, Transportschiffe oder für sonstige öffentliche Zwecke zu angemessenem Preise angekauft werden. Die prämienberechtigten Schiffe sollen hiernach nicht nur Handelszwecken dienen, sondern auch zur Vermehrung der Seemacht der Vereinigten Staaten beitragen.

„Jederzeit sind sie verpflichtet, unentgeltlich auf Verlangen des General-Postmeisters Postsendungen mitzunehmen und (falls das Schiff auf einer der Postschiffahrtsrouten fährt) nötigenfalls den begleitenden Postbeamten den erforderlichen Arbeits- und Aufenthaltsraum zur Verfügung zu stellen. Die Verpflichtung gilt aber nur für die Strecke und Fahrt, für welche die Prämie gezahlt wird.

„Offenbar geht die Absicht der amerikanischen Regierung dahin, durch Schaffung einer leistungsfähigen Handelsflotte die Einnahmen aus dem überseeischen Frachtverkehr den heimischen Reedereien in größerem Maße als bisher zuzuwenden. Wenn man bedenkt, daß der Anteil der amerikanischen Reederei am Ein- und Ausfuhrhandel im Jahre 1899 nur 9 % betrug, so erscheint das Bestreben der Regierung wohl verständlich.

„Um die Wirkung des neuen amerikanischen Gesetzentwurfes noch näher zu erläutern, möge hier als Beispiel dienen, daß ein Schiff von der Art und Ausmessung des deutschen Dampfers „Kaiser Wilhelm der Große" für eine Aus- und Heimreise zwischen New-York und Bremerhaven eine Prämie von rund 125 000 Mk. erhalten würde, ferner ein Schiff von den Dimensionen der „Königin Luise" für eine gleiche Fahrt ca. 53 000 Mark und „Fürst Bismark" in gleichem Falle ca. 60 600 Mk. Mit der Schnelligkeit eines Dampfers steigt auch die Prämie wesentlich, da auf die Höhe der betreffenden Zuschlagsprämie, wie aus den oben wiedergegebenen Einzelsätzen ersichtlich, außer der Schiffsgröße in erster Linie die Schnelligkeit des Schiffes einwirkt. Zum Beispiel würde ein Dampfer von der Art der „Königin Luise" für die Strecke New-York—Bremerhaven bei 13 Seemeilen Geschwindigkeit ca. 53 000 Mk., dagegen bei 16 Seemeilen für die gleiche Strecke ca. 64 500 Mk. als Prämie erhalten.

„Aus einem Vergleich weiterer derartig berechneter Prämiensätze ergiebt sich, daß der amerikanische Gesetzentwurf den Zweck verfolgt, neben der Vermehrung der Schiffszahl namentlich den Bau schnellfahrender Dampfer nach Kräften zu unterstützen.

„Erscheint es auch mit Rücksicht auf die bisher von den amerikanischen Postschiffen erzielten Erfolge fraglich, ob das von der Bill verfolgte Ziel in vollem Umfange erreicht wird, so hat die deutsche Reederei doch damit zu rechnen, daß, falls der Gesetzentwurf angenommen wird, die amerikanische Handelsmarine, zuzüglich der Subventionszahlungen für Postdampfer auf eine staatliche Unterstützung von jährlich wenigstens 41 500 000 Mk. wird rechnen können. Dazu kommt, daß die Abschnitte 12, 13 des Zollgesetzes vom 24. Juli 1897, betreffend die zollfreie Einfuhr von Erzeugnissen für die Schiffsreparatur, sowie von ausländischem Material, das beim Bau von Schiffsmaschinen verwendet wird, neben dem Schiffsprämiengesetz in Kraft bleiben würde."

Der Gesetzentwurf ist im Winter 1900/1901 nicht zur Verabschiedung gelangt. Er fand so heftigen Widerspruch, er wurde so bitter angegriffen als eine Bill zu „einer unverschämten Bereicherung eines ganz kleinen

Kreises von Großkapitalisten", daß man nicht wagte, ihn durchzuberaten. Er wird jedoch im Winter 1901/1902 sicher die amerikanische Gesetzgebung von neuem beschäftigen. Amerikaner haben manchmal dunkle Mittel, um gesetzgeberische Akte durchzusetzen. Ob dieselben dieses Mal verfangen werden, muß die Zukunft lehren [1].

Natürlich ist sehr wohl möglich, daß etwas, was vom amerikanischen Standpunkt aus eine Verschwendung ist, der europäischen Reederei Schaden zufüge.

Es tritt indessen ein ganz neuer Gesichtspunkt hinzu. Seit dem spanischen Kriege sind die Vereinigten Staaten auf die Bahn der Weltpolitik gedrängt. Sie haben nach leichter Anstrengung Puertorico, die Philippinen und vielleicht Kuba erworben und sind sich der Notwendigkeit bewußt, diese Besitznngen durch eine kräftige Kriegsflotte zu verteidigen, vielleicht auch eine etwaige panamerikanische Politik mit einem solchen Machtmittel zu verfechten. Woher aber eine Kriegsflotte ohne den Untergrund einer Handelsflotte? Woher die Mannschaften der ersteren uehmen, wenn nicht die Handelsflotte Seeleute heranbildet?

[1] Während des Druckes dieser Schrift, Dezember 1901, hat der amerikanische Bundessenator Frye dem Senat einen abgeänderten Gesetzentwurf eingereicht, über den nach Zeitungsnachrichten Folgendes zu bemerken ist: Ausländische Schiffe, welche sich im Besitz von Amerikanern befinden, brauchen nicht in Amerika registriert zu werden, um der Subvention teilhaftig zu werden. Die Postkontrakte sollen fortan auf 15 statt auf 10 Jahre vergeben werden. Statt der auf S. 74 verzeichneten 4 Klassen des gegenwärtigen Gesetzes werden 7 eingeführt, und zwar 6 $ Subvention für Dampfer von mindestens 10000 T. und 20 Knoten Geschwindigkeit, 3 $ für Dampfer von 8—10000 T. und 16 Knoten u. s. w. Veraltete Schiffe scheiden aus dem Ozeanpostdienst ganz aus. Die im Entwurf aufgestellten Sätze sind Maximalsätze, die unter der Einwirkung der Konkurrenz verringert werden können, sofern es mit einem sicheren amerikanischen Postdienst vereinbar ist. Die vorgeschlagenen Maximalpostraten stellen sich pro Bruttotonne auf 100 Seemeilen wie folgt: Über 10000 T., 20 Knoten 2,7 c.; 19 Knoten 2,5 c. Über 5000 T., 18 Knoten 2,3 c.; 17 Knoten 2,1 c.; 16 Knoten 1,9 c.; 15 Knoten 1,7 c.; über 2000 T., 14 Knoten 1 c. Die Raten für die Postdampfer nach Westindien, Centralamerika und Mexiko dürfen wegen ihrer kürzeren Reisen und folgeweise geringeren Kohlenvorräte 70 c. nicht übersteigen. — Der zweite Teil, General-Subvention, behandelt die allgemeine Subvention für alle Fahrzeuge, Dampf- oder Segelschiffe, welche keine Postkontrakte erlangen. Diese allgemeine Subvention ist gleichförmig und beträgt 1 c. für die Bruttotonne auf 100 Seemeilen bei nicht mehr als 16 Anmeldungen pro Jahr. Um den Bau neuer Ozeanschiffe zu fördern, wird für sie eine weitere Vergütung von 1/4 c. pro Bruttotonne auf 5 Jahre bewilligt. — Der dritte Titel, Tiefseefischerei, bestimmt, daß eine jährliche Prämie von 2 $ pro Tonne für Schiffe gezahlt werden soll, welche der Tiefseefischerei obliegen. Dazu soll noch eine Prämie von 1 $ pro Monat für jeden amerikanischen Bürger kommen, welcher sich mit Tiefseefischerei beschäftigt. — (Soweit die nicht in allen Punkten klaren Zeitungsmitteilungen.)

Dienstpflicht giebt es in Amerika nicht und ist wohl noch für lange Zeit ausgeschlossen. Da findet der Gedanke, selbst große Opfer für die Handelsflotte zu bringen, um durch sie der Kriegsflotte das Personal zuzuführen, denn doch eine ganz andere Beachtung. Die unverkennbaren wirtschaftlichen Opfer werden als erträglich geschildert, namentlich einem Lande von so unverkennbaren Zeichen wachsenden Wohlstandes. Daß sich Kategorien von Unternehmern das zu Nutze machen und selber große Gewinne machen, indem sie dem Bedarf des Staates Genüge leisten, findet in Nordamerika seine höchste Ausbildung.

Frankreich ist das klassische Land der Staatsunterstützung für die Schiffahrt. Hier hat sie ihre höchste Ausbildnng erfahren. Mit baren Zuschüssen, die an keine Gegenleistung gebunden waren, mit hohen Summen für die Beförderung der Post, endlich (vorübergehend) mit der indirekten Förderung der Erhebung höherer Einfuhrzölle von Waren, die mit fremden Schiffen kamen (droit de pavillon) und auf Waren über fremde Häfen (Surtaxe d'Entrepôt) hat der französische Staat sein Möglichstes gethan, um eine kräftige Handelsflotte und eine starke seemännische Bevölkerung zu erzeugen. Der Erfolg blieb stets aus — nichtsdestoweniger vermehrte Frankreich nur seine Anstrengungen in der Richtung der Protektion.

Der Zuschlagszoll auf Waren unter fremder Flagge fiel 1869 weg, weil er sich als wirkungslos erwiesen hatte. 1872 setzte Thiers seine Erneuerung durch, doch wurde er 1873 aufgehoben, weil die Vereinigten Staaten mit Repressalien drohten. Von da bis 1881 bestanden nur die Surtaxe d'Entrepôt und hohe Postkontrakte.

Durch Gesetz vom 20. Januar 1881 wurde die Staatsunterstützung zum Princip erhoben. Den Schiffsbauern legte man die Last auf, fremde Baumaterialien nach dem allgemeinen Tarif zu verzollen oder teure französische zu verwenden. Dafür entschädigte man sie 1. mit einem Schutzzoll auf fremde Schiffe von 2 Fr. pro Tonne, 2. mit folgender Bauprämie, die nur im Inlande gebauten Schiffen zu teil wurde:

60 Fr. pro Tonne für eiserne Schiffe,
40 " " " " Kompositionsschiffe,
20 " " " " hölzerne Schiffe über 200 Tonnen,
10 " " " " " " unter 200 Tonnen,
12 " " 100 kg für Maschinen, Kessel, Pumpen, Ventilatoren u. s. w.

Auch die Reeder erhielten eine Staatssubvention und zwar 1. in Gestalt von ungebührlich hohen Postkontrakten und 2. eine Reiseprämie „zur Ausgleichung der der Handelsmarine für die Rekrutierung und den

Dienst in der Staatsmarine auferlegten Lasten." Diese Reiseprämie bestand in einer Grundprämie von $1^1/_2$ Fr. für jede Netto-Registertonne und für je 1000 zurückgelegte Meilen. Von Jahr zu Jahr nahm sie ab, bei hölzernen Schiffen um $7^1/_2$ Cts., bei eisernen um 5 Cts., so daß sie nach 20 resp. nach 30 Jahren erlosch. Unter Staatsaufsicht gebaute Schiffe genossen einen Zuschlag von 15 %. Im Auslande gebaute erhielten dagegen nur die halbe Prämie.

Auf Grund dieses Gesetzes zahlte die Republik folgende Summen:

	Bauprämie	Reiseprämie	Zusammen
1881	869 000 Fr.,	3 013 000 Fr.,	3 883 000 Fr.,
1882	4 484 000 „	6 483 000 „	10 967 000 „
1883	3 158 000 „	8 468 000 „	11 627 000 „
1884	4 484 000 „	8 592 000 „	13 076 000 „
1885	1 129 000 „	7 570 000 „	8 699 000 „
1886	3 005 000 „	7 580 000 „	10 586 000 „
1887	1 457 000 „	8 216 000 „	9 674 000 „
1888	2 216 000 „	8 194 000 „	10 411 000 „
		Zusammen in 8 Jahren	78 923 000 Fr.

Das Gesetz bestand aber noch weiter bis 1893, so daß in 12 Jahren exkl. 1893 rund 120 Mill. Fr. anzunehmen sind.

Dazu kommen noch Postkontrakte im Betrage von jährlich ca. 25 Mill. Franken. Diese kann man nicht ohne weiteres als Subvention ansehen; wenn man aber bedenkt, wie wenig z. B. Deutschland und England dafür ausgeben, so steckt auch in diesem Posten noch eine beträchtliche Unterstützung.

Endlich zahlte Frankreich noch eine besondere Subvention an seine Hochseefischerei.

Sehen wir nun den Erfolg! Vor diesem Gesetze hatte die französische Handelsflotte folgenden Umfang:

1854		819 762 Tonnen,
1859	reichlich	1 000 000 „
Ende 1863		985 000 „

	Segler	Dampfer	Zusammen
1874	736 000 Tonnen,	205 000 Tonnen Netto,	941 000 Tonnen,
1880	542 000 „	278 000 „ „	820 000 „

Nach dem Gesetz: Herbst des Jahres 1892 Segler 269 000 Tonnen, Dampfer 477 000 Tonnen Netto, zusammen 746 000 Tonnen.

Statt eines Aufschwungs war ein Rückgang eingetreten. Die Dampferflotte hatte zwar zugenommen, aber um noch mehr hatte die Segelflotte verloren. Noch 1888 hatte die französische Dampferflotte den ersten Platz nach der englischen besessen, also die deutsche übertroffen. Dann überflügelte die letztere sie weit und schon Herbst 1892 betrug sie 773 000 T., also rund 300 000 T. mehr als die französische.

Gleichzeitig hatten sich andere sehr üble Erscheinungen eingestellt. Die Beschäftigung der seemännischen Bevölkerung hatte sich fühlbar verschoben. Die Fischerei und Küstenschiffahrt übte eine wachsende Anziehungskraft aus, die europäische und große Fahrt fand abnehmende Beteiligung. Auch ging im Verkehr des eigenen Landes die französische Flagge immer mehr zurück; sie erreichte z. B. im Jahrzehnt 1867/76 noch 29 %, 1877/80 nur noch 26 %, 1898 gar nur 22,5 %.

Dieser Mißerfolg schreckte die französische Republik nicht von einem Fortschreiten auf dem einmal betretenen Wege zurück. 1893 erließ sie ein neues Gesetz, durch das sie die Bauprämie von 60 auf 65 Fr. pro Tonne und von 12 auf 15 Fr. pro 100 kg Kessel- und Maschinengewicht erhöhte. Die Reiseprämie wurde zwar für im Auslande gebaute Schiffe aufgehoben und für Dampfer von 1,50 auf 1,10 Fr. pro Tonne und 1000 Seemeilen herabgesetzt, dagegen auch die jährliche Verminderung von 5 Cts. auf 4 Cts. herabgesetzt. Für Segelschiffe erhöhte man jedoch die Reisegewinne auf 1,70 Fr. (jährliche Abnahme 6 Cts.) Der internationalen Küstenfahrt gewährte man 2/3 der Prämie für große Fahrt. Den Zuschlag der Schiffahrtsprämie für Schiffe, deren Pläne von der Marine gebilligt wurden, steigerte das Gesetz von 15 auf 25 %.

Die Zahlungen des französischen Staats für die Handelsflotte — wohlgemerkt: immer ohne Gegenleistung der letztern mit Ausnahme der Post — wurden nun noch höher. Sie betrugen in Millionen Franken:

	Bauprämie	Reiseprämie	Fischereiprämie	Postkontrakte	Zusammen
1893	2,1	6,8	3,5	25,0	37,4
1894	2,0	7,8	3,7	24,0	37,5
1895	2,8	8,6	3,5	25,9	40,8
1896	4,1	9,6	5,6	25,9	45,2
1897	5,2	11,3	5,5	25,9	47,9
1898	3,0	8,6	3,9	26,9	42,4
1899	4,0	10,6	5,0	26,9	46,5
	23,2	63,3	30,7	184,5	296,7.

Also in sieben Jahren sind abermals 300 Millionen Franken ausgegeben; da das Gesetz noch besteht, so sind inkl. 1901 etwa 385 Mill. Franken der Handelsflotte zu gute gekommen. Die Wirkung können wir an dem Bestande der französischen Flotte ablesen: Zahlen nach Veritas:

Herbst	Segler		Dampfer		Zusammen	
	Zahl	Tonnen	Zahl	Netto-Tonn.	Zahl	Tonnen
1893	1490	257 000	500	480 000	1990	737 000
1895	1454	255 000	501	461 000	1960	716 000
1897	1360	270 000	539	499 000	1899	769 000
1899	1371	310 000	526	516 000	1897	826 000
1900	1396	341 000	545	563 000	1941	904 000
1901	1406	401 000	560	535 000	1966	936 000

Ein Zuwachs ist ja nun eingetreten, aber er ist ganz verschwindend gering gegenüber demjenigen der englischen und der einst hinter der französischen rangierenden deutschen Flotte. Ja, der Zuwachs an Dampfern betrifft lediglich die kleine Fahrt, die Dampfer großer Fahrt haben sogar um 4 Schiffe abgenommen. Trotz der Erhöhung der Bauprämie ging die Schiffsbauthätigkeit in Frankreich stark zurück. 1882—84 sind 151 000 T. Brutto eiserne Schiffe gebaut, 1894—96 nur 76 000 T., trotz günstiger Konjunktur. Und soweit sie bestehen blieb, bevorzugte sie die Herstellung ganz großer Segelschiffe, um die Reiseprämie möglichst auszunutzen. Die Reiseprämie bildete einen ganz wesentlichen Teil der Einnahmen, auf die der Reeder zu rechnen hatte.

Mit dem Rückgang der Reederei der „großen Fahrt" schmolz auch die dafür vorhandene schiffahrttreibende Bevölkerung zusammen. In großer Fracht zählte man nach der Begründung des Gesetzentwurfs von 1901:

1875	1240 Schiffe,	534 000 Tonnen,
1885	732 „	507 000 „
1895	444 „	403 000 „
1898	445 „	448 000 „

Auch die europäische und Mittelmeerfahrt nahm um eine Kleinigkeit ab. Die Besatzungen betrugen:

	in großer Küstenfahrt	in großer Fahrt
1875	10 725	19 487
1885	8 683	16 543
1895	8 061	13 879
1898	7 370	13 099.

Ganz besonders fühlt man eine Abnahme der Matrosen und Heizer.

1899 trat man in Frankreich daher abermals an die Frage heran, wie man eine kräftige Handelsflotte und eine starke seemännische Bevölkerung schaffe, die einer machtvollen Kriegsflotte als natürlicher Nährboden diene. Es wurde ein Gesetzentwurf vorgelegt, der die Abhilfe abermals nur in erhöhter Staatsunterstützung sucht. In dem Kommissionsberichte hierüber wird mit Kummer konstatiert, daß die französische Dampferflotte sich von 1886 bis 1896 um 1 % verringert habe, während konkurrierende Länder folgenden Zuwachs aufwiesen: England 53 %, Deutschland 107 %, Spanien 30 %, Holland 57 %, Italien 68 %, Rußland 65 %, Norwegen 191 %, Schweden 64 %, Österreich 60 %, Dänemark 76 %, Portugal 110 %, Griechenland 158 %, Japan 231 %. Nur Rumänien stehe mit 7 % Zunahme Frankreich einigermaßen nahe. — Von 1893 bis 1898 habe Frankreich wieder nur 7,3 % Zunahme aufzuweisen, Deutschland 47 %, England 17 %.

Der Inhalt des Gesetzentwurfs von 1899 geht dahin, daß jedes aus Eisen oder Stahl gebaute Seeschiff, das unter französischer Flagge auf großer Fahrt oder im internationalen Küstenhandel ausgerüstet wird, über 100 T. Brutto hat und nicht über 20 Jahre alt ist, unter dem Namen Compensation d'armement pro Tag der Ausrüstung und pro Bruttotonne folgende Entschädigung erhält:

5 Cts.	für	jede	Tonne	bis zu		2000	Tonnen,
4 „	„	„	„	von	2—3000		„
3 „	„	„	„	„	3—4000		„
2 „	„	„	„	über		4000	„

Außerdem ist eine andere Prämie in Vorschlag gebracht. Jedem solcher Schiffe bis zu beendetem 15. Jahre soll eine Prämie, genannt Prime de navigation gewährt werden und zwar pro Bruttotonne und pro 1000 Seemeilen:

a) für Dampfer 1,70 Fr. (statt bisher 1,10) mit entsprechender Abnahme.

b) für Segler 1,70 Fr. (wie bisher) mit entprechender Abnahme.

Jedoch werden Compensation d'armement und Prime de navigation nicht gleichzeitig gewährt, sondern nur die höhere. — Die internationale Küstenfahrt erhält nur ²/₃ der Prämie. Französische Schiffe dürfen nur in Ausnahmefällen im Auslande docken. — Die Bauprämie und die Prämie für die Fischerflotte werden durch das neue Gesetz nicht berührt.

Die Tendenz dieses Gesetzentwurfs ist eine bedeutende Erhöhung der Prämie für Dampfer und eine Verminderung für Segler. Die Kommission beziffert die vermutete pekuniäre Wirkung wie folgt (wobei ihre Zahl für 1898 mit der obigen für 1897, jedoch nicht für 1898 fast übereinstimmt):

	bezahlt 1889 Fr.	nach dem neuen Gesetz Fr.
Große Fahrt:		
Dampfer, in Frankreich gebaut	5 513 000	6 930 000
„ im Ausland „	806 000	972 000
Segler, in Frankreich „	3 785 000	2 317 000
„ im Ausland „	346 000	169 000
Küstenfahrt:		
Dampfer	1 087 000	1 356 000
Segler	27 000	16 000
Zusammen	11 564 000	11 760 000.

Es bleibt abzuwarten, welchen Erfolg Frankreich nun mit seiner Subventionspolitik erzielen wird [1].

Neben allen vorgenannten Maßregeln zur Förderung der Schiffahrt besteht auch die Begünstigung der direkten Einfuhr, die Surtaxe d'Entrepôt auf die indirekte Einfuhr noch fort. Außereuropäische Waren, eingeführt über europäische Häfen, zahlen meist 3,60 Fr. pro 100 kg Surtaxe.

Die japanische Flagge erscheint in den Veritas-Registern zum ersten Mal im Herbst 1885 und zwar sogleich mit einer ganz respektablen Flotte. Sie hat sich seitdem auch noch ganz beträchtlich gehoben, wie es der unternehmungslustigen Natur Japans entspricht. Verzeichnet sind nur Schiffe europäischer Bauart:

[1] Während des Druckes dieser Arbeit hat die zweite Kammer das Gesetz erledigt und — am 10. Dezember 1901 — im wesentlichen nach dem Gesetzentwurf angenommen. Hervorzuheben ist: Aus Art. I: „Jede Prämie (prime) für im Auslande gebaute Schiffe ist und bleibt abgeschafft. Keine Kompensation oder Protektion (compensation ou protection) wird für im Auslande gebaute Schiffe gezahlt werden. Jedoch soll die Kompensation unter folgenden Bedingungen gewährt werden: Aktiengesellschaften, welche Eigentümer prämiierter Fahrzeuge sind, müssen einen Verwaltungsrat haben, dessen Mehrheit aus französischen Bürgern besteht. Präsident des Verwaltungsrats und Direktor müssen Franzosen sein. Wenn sich herausstellt, daß der die Vorteile des Gesetzes einziehende französische Eigentümer eine vorgeschobene Person für einen fremden wirklichen Eigentümer ist, so sollen die Prämien sofort aufhören.“ Art. II enthält als „compensation de charges“, was im Entwurf als compensation d'armement aufgeführt ist, mit der ausdrücklichen Bestimmung, daß die Vergünstigung im Auslande gebauten eisernen und stählernen Dampfern zukommen soll. Art. III enthält die im Entwurf als prime de navigation bezeichnete Unterstützung. Art. IV bestimmt, daß 5 % der Prämie den Mannschaften zukommen sollen. Art. V regelt die Unterstützung der Küstenfahrt. Art. VI läßt den in Frankreich gebauten Schiffen die Wahl zwischen der Subvention von Art. II und III. Art. VII beschränkt die Subvention auf eine Gesamtflotte von 500 000 T. Dampfern und 100 000 T. Seglern. Für den Überschuß an Tonnen wird an im Auslande gebaute Schiffe nur $^2/_5$, an in Frankreich gebaute nur $^3/_5$ der Subvention gezahlt. Nach Art. XI genießen im Auslande gebaute, schon früher nationalisierte Schiffe die neue Subvention.

	Segler		Dampfer			Zusammen Segler- u. Netto-Dampfer-Tonn. in 1000
	Zahl	1000 Tonnen	Zahl	1000 Tonn. Brutto	1000 Tonn. Netto	
1885	105	29	102	94	59	88
1890	104	27	147	123	76	103
1895	255	37	242	274	172	209
1899	310	40	332	455	282	342
1900	1053	117	338	477	296	413
1901	1502	170	366	518	326	496

Unter den Dampferflotten der Welt nimmt die japanische bereits den neunten Platz ein.

Ich komme nun endlich zur deutschen Reederei und knüpfe an den Schluß des ersten Kapitels dieser Arbeit wieder an. Die hauptsächlich durch politische und geographische Ursachen veranlaßten stark abweichenden Schicksale der Ostseereederei, der hamburgischen und bremischen und endlich der sonstigen Nordseereederei sind dort bereits behandelt. Hier erübrigt nur die Zusammenfassung der Reederei unter deutscher Flagge.

Für die alte Zeit benutze ich wieder die Angaben von Kjaer. Von 1874 bis 1880 kann ich sie mit Veritas vergleichen und finde keine sehr erhebliche Abweichung. Kjaers Tonnen sind Nettotonnen.

	Segler		Dampfer			Zusammen 1000 Tonnen
	Zahl	1000 Tonnen	Zahl	1000 Tonn. Brutto	1000 Tonn. Netto	
1850	—	493	—	—	5,4	498
1860	—	778	—	—	29,4	807
1870	—	923	—	—	81,6	1004
1880	—	974	—	—	196,3	1170
1886	3471	861	664	—	420,6	1282

Veritas schließt, wie immer, Segler unter 50 und Dampfer unter 100 T. aus. Seine Zahlen mögen hier etwas vollständiger wiedergegeben werden:

(Siehe die Tabelle S. 86.)

Die amtliche deutsche Statistik ist im ersten Kapitel berücksichtigt worden, kann also hier übergangen werden. Die vorstehenden Zahlen sind besser mit den Veritasdaten für die anderen Länder vergleichbar, als die amtlichen. Groß sind die Abweichungen übrigens nicht. — Verwiesen sei dagegen auf die im vierten Kapitel mitgeteilte Statistik der Seeberufsgenossenschaft.

Herbst	Segler		Dampfer			Zusammen	
	Zahl	1000 Tonnen	Zahl	1000 Tonnen Brutto	1000 Tonnen Netto	Zahl	Segel- u. Netto-Dampfer-Tonn. in 1000
1874	3483	852	220	268	187	3703	1039
1876	3456	875	226	226	176	3682	1051
1878	3201	914	220	253	172	3421	1086
1880	3113	953	277	289	203	3490	1156
1882	2871	933	354	411	292	3285	1225
1884	2471	864	488	550	397	2959	1261
1886	2328	849	529	601	431	2857	1280
1888	1907	737	559	662	476	2466	1213
1890	1698	706	689	930	656	2387	1362
1892	1444	676	765	1091	737	2209	1413
1894	1265	624	810	1216	860	2075	1484
1896	1096	566	831	1360	896	1927	1462
1898	1000	535	878	1625	1017	1878	1552
1899	981	548	900	1873	1166	1881	1714
1900	955	551	1031	2169	1352	1986	1903
1901	966	536	1115	2430	1548	2081	2084

Die deutsche Segelschiffsreederei erreichte 1880 mit 953000 T. ihren Höhepunkt. Seitdem ist sie nach Tonnengehalt auf beinahe die Hälfte ihres damaligen Bestandes gesunken. Die Zahl beträgt nur noch wenig mehr als ein Viertel. Neuerdings macht sich wieder eine kleine Zunahme im Tonnengehalt bemerkbar, zurückzuführen auf die Erbauung ganz großer Vier- und Fünfmaster, die noch Betriebsgewinne bringen können.

Die deutsche Segelflotte stand 1874 auf dem fünften Platz. Seitdem ist die italienische noch weit mehr zurückgegangen als die deutsche und seit 1880 wird die deutsche nur noch von denjenigen Englands, Nordamerikas und Norwegens übertroffen.

Die Zunahme der Dampferflotte ist nur während der ungünstigen Geschäftszeit Ende der siebziger Jahre unterbrochen gewesen. In dem letzten Vierteljahrhundert ist die Bruttotonnenzahl mehr als acht Mal, die Nettozahl mehr als sieben Mal so groß geworden. Ihren Höhepunkt hat sie hoffentlich noch lange nicht erreicht.

Die deutsche Dampferflotte stand 1874 an vierter Stelle und wurde damals weit übertroffen von denen Englands, Nordamerikas und Frankreichs. Die amerikanische sank 1883 unter die französische und 1884 unter die deutsche, überholte jedoch 1900 wieder die französische. 1888 stand die französische noch ein wenig über der deutschen; im folgenden Jahre wurde sie überwunden. Seitdem hat sich die deutsche fast verdreifacht, die französische noch nicht einmal um die Hälfte gehoben. Die deutsche steht auf dem zweiten Platz und übertrifft ihren Hintermann um beinahe das Doppelte. Nur die englische ist ihr mit etwa dem sechsfachen Betrage weit voraus. Wenn auch der Zuwachs der deutschen etwas schneller gewesen ist, so ist der Unterschied doch einstweilen so groß, daß an ein Einholen gar nicht gedacht werden kann. An Segler- und Nettodampfertonnen zusammengerechnet steht die deutsche Flotte an dritter Stelle; sie wird dabei von der englischen und amerikanischen überragt; an Seglern und Bruttodampfertonnen ist ihr Platz der zweite.

Die vorstehend gegebenen Zahlen lassen den Aufschwung der deutschen Reederei noch nicht ganz zur Erscheinung kommen. Vor dem 1. März 1895 besaß Deutschland eine Schiffsvermessungsordnung, auf Grund deren seine Dampfer um etwa 14 %, seine Segler um etwa 5 % zu groß gemessen wurden und infolgedessen nutzlos hohe Abgaben, Tonnengelder, Kanalgebühren, Lotsgelder u. s. w. im Auslande zu zahlen hatten. Das ist seit jenem Datum in 2—3 Jahren allmählich geändert und dem Verfahren der meisten anderen Länder gleich geordnet. Das zahlenmäßige Anwachsen der deutschen Handelsflotte erscheint dadurch etwas langsamer als es war, ebenso der Seeverkehr in deutschen Häfen, soweit deutsche Schiffe in Frage kommen. Nach Band 130 der Statistik des Deutschen Reiches würde die deutsche Handelsflotte, nach altem Messungsverfahren um 217 400 T. größer sein, als sie jetzt verzeichnet ist.

An Kapitalwert steht die deutsche Handelsflotte noch viel unbestrittener an zweiter Stelle; sie besitzt relativ weitaus am meisten kostbare Passagier- und ganz besonders Schnelldampfer. Die konkurrierende amerikanische Flotte steht darin weit zurück; noch viel mehr die norwegische und französische. Die dem Reichstag anläßlich der Flottenvorlage von 1899 übergebene Denkschrift: „Die Steigerung der deutschen Seeinteressen von 1896 bis 1898" giebt eingehende Berechnungen über den Kapitalwert. Sie nimmt den Wert der Dampfertonne Brutto Ende 1896 auf 175 Mk., Ende 1898 auf 220 Mk. an; den Wert der Dampferflotte daher für diesen dreijährigen Zeitraum als von 238,0 auf 357,6 Mill. gestiegen an. — Der Wert der eisernen Segelschiffe wird für dieselben Jahre auf 120 resp. 152 Mk. pro Tonne; der Gesamtwert auf 47,2 resp. 65,6 Mill. Mk. angegeben. — Der Wert der hölzernen Schiffe (die ja fast ausnahmslos alt sind) ist nur noch 30 Mk. pro Tonne, der Gesamtwert Ende 1898 nur 3,1 Mill. Mk. — Das wäre für Ende 1898 ein Gesamtwert der deutschen Handelsflotte von 426 Mill. Mk. gegen 290 Mill. Mk. drei Jahre vorher. Bis Ende 1899 war die Berechnung durch Zuwachs neuer Schiffe auf 465,7 Mill. gelangt.

„Zieht man nun noch", so sagt die Denkschrift weiter, „die erhebliche Preissteigerung des Jahres 1899 in Betracht, so ist eine Schätzung des derzeitigen Wertes (Ende 1899) der deutschen Handelsflotte auf 500 Mill. Mk. zu wenig. In drei Jahren hat sich ihr Wert um $66^{2}/_{3}$ % erhöht. Der Neubeschaffungswert im Falle eines Verlustes ist heute auf mindestens $^{3}/_{4}$ Milliarden anzuschlagen." — Für Ende 1900 veranschlagt „Nauticus" die Summe auf 566 Millionen.

Seitdem hat sich — in einem Jahre — die Dampferflotte wieder um 14 % vergrößert, die Segelflotte um 3 % verkleinert. Der Wert der deutschen Handelsflotte beträgt demnach Ende 1900 etwa 640 bis 650 Mill. Mk.

Die so viel erörterte und so vielfach falsch dargestellte Frage der Subventionierung deutscher Dampferlinien kann hier nicht näher behandelt werden. Deutschland kennt das System der Schiffahrtssubvention im französischen und amerikanischen Sinn so wenig wie England. Es gewährt keine Geschenke an Reedereien, sondern nur Leistungen für ganz genau bestimmte Gegenleistungen der Dampfergesellschaften, welch' letztere erfüllt werden müssen, auch wenn der Unternehmer sehr schlechte Geschäfte dabei macht, wie dies denn dem Nordd. Lloyd in der ersten Zeit des Subventionsvertrages für die Fahrten nach Ostasien und Australien in verhängnisvollster Weise widerfahren ist. Auch nach Anrechnung der Subvention verblieben dem Lloyd Verluste, die sich für die $7^{1}/_{2}$ Jahre vom Sommer 1886 bis Ende 1893 auf mehr als 10,4 Mill. Mk. beliefen — ungerechnet die Zinsen auf das Anlagekapital von ca. 20 Millionen, jedoch unter Berücksichtigung einer Schiffsentwertung von 5 %. — Nach diesem schmerzlichen Lehrgelde haben sich die geschäftlichen Ergebnisse besser gestaltet.

Die Zwecke, die Deutschland mit seinen „Schiffahrtssubventionen" verfolgt, bestehen nicht in der Hebung seiner Reederei — die Reederei hat solche nie verlangt — sondern ausgesprochenermaßen in der Hebung des Absatzes seiner Ausfuhrartikel, in der Verbesserung seiner Postverbindungen, in Leistungen für die Kriegsmarine und für das Kolonialwesen. Die Reederei hat stets den Begriff der Unterstützung zurückgewiesen; wenn der Staat ein Universitätsgebäude errichte, so subventioniere er doch nicht den Baumeister und die Bauhandwerker.

Nur 3 Linien „subventioniert" Deutschland, nämlich

1. Eine vierzehntägige Dampferlinie von Bremen und Hamburg nach China und Japan nebst Anschlußlinien nach deutsch-australischen Kolonialhäfen und holländischen Sundahäfeu; betrieben zu $^{3}/_{4}$ vom Nordd. Lloyd, zu $^{1}/_{4}$ von der Hamb.-Amerikalinie.

2. Eine vierwöchige Dampferlinie von Bremen nach dem australischen Festlande.	
Zus. für 1 u. 2: Jährliche Leistung vom Reiche	5 590 000 Mk.
Der erste, mit Mitte 1886 beginnende und 1901 endigende Subventionsvertrag ist am 30. Okt. 1898 auf Grund des neuen erweiterten Subventionsgesetzes bis Ende September 1914 ausgedehnt.	
3. Eine vierzehntägige Dampferlinie von Hamburg um Afrika, betrieben von der Deutsch-Ostafrika-Linie in Hamburg. Jährliche Leistung vom Reiche	1 350 000 Mk.
Diese Linie war zuerst am 9./5. Mai 1890 abgeschlossen. Der Vertrag ist am 21./9. Juli 1900 durch einen sich bis zum 1. April 1916 erstreckenden Vertrag ersetzt.	
Zusammen	6 940 000 Mk.

Außerdem zahlt das Reich an nicht subventionierte deutsche und ausländische Dampfergesellschaften für die Beförderung der Post Beträge, deren Höhe ich nicht habe ermitteln können. Im Etat des Reichspostamts für 1901 findet sich folgender Posten: Vergütungen an Eisenbahnen und Schiffahrtsunternehmungen 2 024 000 Mk.

Der ziemlich weit verbreitete Glaube, daß Reederei und Schiffsbau durch die Subvention einen großen Aufschwung genommen haben, ist positiv unrichtig. So hat z. B. der Lloyd in 9 Jahren deutschen Werften Aufträge im Umfange von 176 886 700 Mk. erteilen können; für die subventionierten Linien waren nur 22,1 Mill. Mk. darunter.

Über die „Subventionen" — der Ausdruck gilt teils mit Recht, teils mit Unrecht —, die fremde Länder ihren (unter Umständen auch fremden) Linien zahlen, ist Amtliches nicht zu ermitteln. Mir stehen darüber zwei Quellen zu Gebote: John White's Annual Shipping Review, London 1. Januar 1901, und das englische Schiffahrtsblatt „Fairplay" vom Mai 1901. Als Maßstab ihrer Zuverlässigkeit sei angeführt, daß für Deutschland White 325 000 Pfd. St., „Fairplay" 339 839 Pfd. St. anführt. Weiter verzeichnen sie folgendes:

England, White: für Postzwecke 742 300 Pfd., für Einrichtung großer Dampfer als Hilfskreuzer für Kriegszwecke 65 000 Pfd. Fairplay: 764 117, bezw. 63 200 Pfd.

Frankreich, White: für Schiffahrtssubvention 496 880 Pfd. Schiffsbauprämien 294 356 Pfd. Fairplay für Schiffsbauprämien 232 000, für die Handelsmarine 232 000 Pfd. für verschiedene Postlinien 1 046 409 Pfd. St. — Beide Angaben sind unrichtig und viel zu niedrig gegenüber den weiter oben mitgeteilten, zum Teil auf dem neuesten französischen Kammerbericht über den neuen Gesetzentwurf beruhenden Daten.

Italien, White: Schiffsbauprämie im Jahre 1898 400 000 Pfd. deren Anwachsen auf 1 Mill. Pfd. erwartet wurde; ferner eine Schiffahrtsprämie nach Maßgabe der zurückgelegten Meilen. — Fairplay: Schiffahrts- und Schiffsbauprämien 100 000 Pfd.; Postdienst 345 675 Pfd. — Im Frühjahr 1901 ist indes ein neues Subventionsgesetz mit völlig veränderten Bestimmungen erlassen.

Österreich-Ungarn Fairplay: 354 783 Pfd.

Spanien, Fairplay: 335 375 Pfd.

Rußland, Fairplay: 282 140 Pfd. einschließlich der Rückerstattung der Suez-Kanalgebühren.

Japan, Fairplay: 682 403 Pfd.

Vereinigte Staaten, White: 200 000 Pfd. — Fairplay: 357 723 Pfd. Jedoch gaben amerikanische Zeitungen, die für die Erhöhung sprachen; die jetzige Zahlung auf nur 1 Mill. Dollar an.

Man sieht: alle diese Staaten sind mit Leistungen der angegebenen Art sehr stark belastet, doch weichen die Angaben im einzelnen sehr von einander ab.

Auch die deutsche Handelsflotte hat in den letzten Jahren beträchtlichen Zuwachs erfahren durch den Ankauf ganzer Linien, die bisher unter englischer Flagge gestanden hatten. Den ersten Ankauf vollzog im Jahre 1898 der Nordd. Lloyd, nämlich die Scottish Oriental Steamship Company und die East India Steamship Company, beide in der indisch-ostasiatischen Küstenfahrt engagiert. Durch diesen Ankauf sind 39 Dampfer von zusammen 58 193 T. Brutto und 35 310 Pferdekräften, also kleine und mittlere Schiffe von höchstens 2111 T. auf die deutsche Flagge übergegangen. Die Schiffe bleiben in ihren bisherigen Linien, schließen sich aber mehr an die großen ostasiatischen Hauptlinien des Nordd. Lloyd an.

Sodann hat kürzlich die Hamburg-Amerika-Linie die englische Atlas-Linie, eine Flotte von 7 Dampfern von zusammen 14 975 T. Brutto angekauft; die Gesellschaft betrieb unter englischer Flagge wöchentliche Linien: New-York-Haity und New-York-Centralamerika. Wie verlautet, beabsichtigt die Hamburg-Amerika-Linie den Betrieb durch Einstellung neuer Schiffe wesentlich zu verbessern und durch Anschluß an ihre Hamburg-New-Yorker Fahrt der letzteren Frachtgut zuzuführen.

Trotzdem die deutsche Handelsflotte im ganzen stark gewachsen ist, macht die Zahl der in derselben beschäftigten Personen nur langsame Fortschritte. Die wachsende Größe der Schiffe und die sich immer mehr einbürgernden maschinellen Hilfsmittel (Patentrahen mit Segelaufsetzen von Deck aus, Dampfwinden für Anker u. s. w.) und vor allem der Übergang vom Segel zum Dampf bewirkt eine stetige Abnahme von Menschenkraft pro Schiffstonne.

Nach der amtlichen deutschen Statistik belief sich die regelmäßige Besatzung der deutschen Handelsflotte auf

	bei Seglern	bei Dampfern	zusammen
1871	34 739	4 736	39 457
1876	33 215	9 147	42 362
1881	31 003	8 657	39 660
1886	24 925	14 006	38 931
1891	18 132	22 317	40 449
1896	14 858	25 139	39 997
1899	14 035	29 111	43 146
1900	13 845	31 027	44 872

Im letztgenannten Jahre kamen

	bei Seglern	bei Dampfern	zusammen
auf das Nordseegebiet	12 384	25 397	37 781
" " Ostseegebiet	1 461	5 630	7 091
davon auf Hamburg	3 842	13 888	17 730
" " Bremen	3 022	9 828	12 850

Auch in personeller Beziehung ist also das Schwergewicht ganz auf die Nordsee übergegangen.

Die Besatzung der Segelschiffe mußte ganz selbstverständlich mit dem Rückgang der Segelflotte zurückgehen, die der Dampfer rapide zunehmen.

Die Verunglückungen von Menschenleben durch Totalverluste sind trotz der wachsenden Flotte im ganzen rückgängig gewesen, wenn auch nicht ohne Schwankungen. Bei den Totalverunglückungen waren beteiligt (ungerechnet die Passagiere):

		Schiffe	Besatzung derselben	Menschenleben gingen verloren
1873/75	durchschnittl.	174	1456	301
1876/80	"	191	1477	351
1881/85	"	187	1553	313
1886		147	1287	161
1887		173	1473	242
1888		158	1367	202
1889		117	1015	208
1890		92	937	169

	Schiffe	Besatzung derselben	Menschenleben gingen verloren
1891	118	1210	178
1892	104	934	259
1893	125	1169	278
1894	122	1252	269
1895	155	1497	384
1896	86	794	178
1897	74	682	194
1898	111	1002	231
1899	87	917	158.

Daraus ergeben sich, berechnet nach Art der für England auf S. 68 verzeichneten relativen Verlustziffern, folgende Verluste an Menschenleben auf je 100 000 Tonnen in Deutschland angekommener und abgegangener deutscher Seeschiffe:

		Total	pro 100 000 Tonnen
1873/75	durchschnittlich	301	5,09
1876/80	„	351	5,04
1881/85	„	313	3,47
1886		161	1,55
1887		242	2,16
1888		202	1,91
1889		208	1,64
1890		169	1,24
1891		178	1,11
1892		259	1,74
1893		278	1,81
1894		269	1,61
1895		384	2,41
1896		178	1,10
1897		194	1,11
1898		231	1,20
1899		158	0,77.

Genau lassen sich die Zahlen mit den englischen nicht vergleichen, da bei uns die Verluste nicht nach Dampfern und Seglern gesondert sind. Auch abgesehen davon, ist die Vergleichbarkeit fragwürdig, da man nicht weiß, wie viele Verluste auf die Küstenfahrt und wie viele auf weite Reisen entfallen; naturgemäß müssen die Verluste für die ersteren viel geringer sein. Ein Schiff von 2000 Tonnen, das die Reise zwischen Dover und Calais im Jahre 365 mal macht, ist nicht mehr, sondern viel weniger Seegefahren ausgesetzt als ein solches, das dreimal die Reise nach Honkong und zurück macht. Ersteres bringt einen jährlichen Tonnenverkehr von 730 000, letzteres nur von 6000. In England machen die Küstenfahrten (wegen der täglichen Verbindung mit Irland und den anderen Inseln), sowie die kurzen Fahrten (Boulogne, Calais, Vlissingen, Ostende) einen ungleich größeren Prozentsatz aus als in Deutschland. Der von Glover angewandte Maßstab ist also eigentlich recht ungeeignet. Trotzdem erscheint das Bild für die deutsche Schiffahrt nicht ungünstig. Vor allem springt der absolute und der relative Rückgang in die Augen. (1900 war aber wieder ein böses Jahr.)

Eine vergleichende Berechnung der Verluste auf die Besatzung ist wegen der schwankenden englischen Zahlen unsicher. Nehmen wir nach Glover die Totalziffern für die Besatzung der englischen Flotte für 1890, das letzte von ihm verzeichnete Jahr, auf 213 374 Mann an, auf welche 962 verlorene Menschenleben entfallen, so ergiebt das pro 1000 Mann einen Verlust von 4,51 Mann. In demselben Jahr entfielen in Deutschland auf 37 857 Mann Besatzung 169 verlorene Menschenleben, also pro 1000 Mann ein Verlust von 4,46 Mann. 1890 war für beide Flotten ein Jahr niedriger Verluste. Der Verlustquotient ist bei beiden sehr ähnlich.

Wohl aber können wir für die deutsche Schiffahrt selbst die Verunglückungen durch Totalverluste in den verschiedenen Jahren auch nach der Besatzung vergleichen. Das ergiebt pro 1000 Mann Besatzung

1873/75	durchschnittlich	jährlich	7,3	Mann,
1876/80	=	=	8,3	=
1881/85	=	=	7,9	=
1886/90	=	=	5,2	=
1891/95	=	=	6,7	=
1896/99	=	=	4,6	=

Ein Rückgang der Verunglückungen ergiebt sich auch daraus ganz unbestreitbar. Er würde noch schärfer hervortreten, wenn man zur Erscheinung bringen könnte, daß die Reisezeit der Schiffe im Jahre immer zunimmt. Die Abfertigung am Lande beschleunigt sich immer mehr, so daß dem Schiffe immer mehr Zeit für die Reise selbst bleibt, auf welche sich ja die Gefahr konzentriert.

Nach allem Vorausgegangenen ist es selbstverständlich, daß auch der Seeverkehr Deutschlands einen kräftigen Aufschwung nehmen mußte. Er ist vor allem in den letzten Jahrzehnten derart gewachsen, daß die Schwankungen früherer Zeiten ganz dagegen verschwinden. Für die Zeiten vor der Gründung des Deutschen Reiches ist es wohl schwer, Material für ganz Deutschland zu beschaffen. Allein es genügt auch wohl, Hamburg und Bremen anzuführen; relativ ist das Bild ziemlich dasselbe. Die Statistik der angekommenen Seeschiffe besagt (für Bremen bis 1896 um je ein Jahr später, von da ab übereinstimmend mit Hamburg)

	für Hamburg		für Bremen	
	Zahl	in 1000 Reg.-Tonn.	Zahl	in 1000 Reg.-Tonn.
1815	1 717	—	—	—
1816—20 durchschn.	2 211	—	—	—
1831—35 "	2 579	232	—	—
1836—40 "	2 735	288	—	—
1841—45 "	3 462	392	—	—
1846—50 "	3 763	461	2557	234
1851—60 "	4 649	756	2881	360
1861—70 "	5 092	1260	2871	545
1871—80 "	5 502	2206	3010	995
1881—90 "	7 015	3870	2923	1470
1891—95 "	8 928	5954	4074	2078
1896	10 477	6445	4781	2008
1897	11 173	6708	4826	2245
1898	12 523	7354	4988	2502
1899	13 312	7765	4545	2457
1900	12 103	8041	4219	2538

In allen deutschen Häfen betrugen die Ankünfte:

	alle Flaggen		davon deutsche	
	Schiffe	in 1000 Reg.-Tonnen	Schiffe	in 1000 Reg.-Tonnen
1873/75 durchschn.	46 631	6 228	29 511	2 972
1876/80 "	51 050	7 141	34 721	3 224
1881/85 "	56 517	9 174	41 529	4 500
1886	57 014	10 148	42 360	5 164
1887	59 892	10 733	44 100	5 591
1888	60 081	11 621	42 406	5 771
1889	64 818	12 588	45 784	6 323
1890	64 875	13 080	46 942	6 793
1891	66 738	14 480	48 620	7 539
1892	65 927	14 188	48 680	7 451
1893	66 555	14 622	48 680	7 267
1894	71 453	15 857	52 078	8 271
1895	66 688	15 183	48 408	7 907
1896	73 490	15 633	53 108	8 138
1897	77 117	16 490	56 889	8 738
1898	86 614	17 705	65 014	9 527
1899	88 646	17 990	67 804	10 254

Der Anteil der deutschen Flagge hebt sich im Gegensatz zu den Erscheinungen in Frankreich und Nordamerika langsam, aber beständig. Er betrug nach Tonnenzahl 1873/95 47,7 %, 1899 56,8 %.

Für das Jahr 1899 verteilt sich der Verkehr auf die beiden großen Hälften der deutschen Küste wie folgt:

Angekommen im Ostseegebiet	35 818	Schiffe,	5 943 874	Tonnen,
„ „ Nordseegebiet	53 017	„	12 080 397	„

Der Küstenverkehr, d. h. der Seeverkehr zwischen deutschen Häfen, bildet nur einen kleinen Teil des deutschen Seeverkehrs. Er erreichte in Ankunft im Jahre 1899 3 918 387 T. = 21,7 % der Tonnenzahl, während die Schiffszahl (54 735) fast zwei Drittel ausmacht. Auf nichtdeutsche europäische Häfen entfielen 8 363 412 T. = 49,4 %. Der Rest auf fremde Weltteile.

Unter den Flaggen steht nächst der deutschen die britische mit 4 197 000 T. weit obenan; dann folgen die schwedische mit 910 000, die dänische mit 843 000, die norwegische mit 661 000, die holländische mit 281 000 u. s. w.

Einen immer größeren Anteil am Schiffsverkehr nehmen die regelmäßigen Linien in Anspruch. Wie groß dieser Anteil in einem neuzeitlichen Hafen ersten Ranges bereits ist, zeigt uns die Hamburger Statistik. Sie verzeichnet im Hamburger Verkehr 118 Dampfschiffslinien, die über 949 Dampfer verfügen, und 1900 in Hamburg 7213 Schiffsankünfte von zusammen 5 520 404 T. hatten. Die Gesamtankünfte betrugen 8450 Dampfer von zusammen 7 239 385 T. Folglich entfielen drei Viertel des Dampferverkehrs (nach Maßgabe des Tonnengehalts) bereits auf die regelmäßigen Linien. 71 von diesen Linien mit 615 Schiffen, 3932 Fahrten und 3 612 203 T. waren unter deutscher Flagge. Von der Gesamtzahl entfielen

	Zahl der Linien	Zahl der Dampfer	der Ankünfte Dampfer	der Ankünfte Tonnen
auf außereuropäische Fahrt	32	404	900	2 316 000
darunter deutsche	28	347	785	2 124 000
auf europäische Fahrt	86	545	6313	3 204 000
darunter deutsche	43	268	3147	1 487 000.

Die außereuropäischen Linien werden also fast ganz unter deutscher, die europäischen zur größeren Hälfte unter fremder Flagge betrieben. Unter den europäischen wird die größere Hälfte nach Großbritannien betrieben. Namentlich die Kohleneinfuhr erfordert viele Linien.

Viertes Kapitel.

Das persönliche Element in der Reederei; Unternehmer und Lohnempfänger.

Noch heutzutage ist in der Kleinschiffahrt der Schiffseigentümer in vielen, vielleicht in den meisten Fällen zugleich Schiffer. Wie der Bauer und sein Knecht denselben Pflug führen und in derselben Weise das Vieh pflegen, so steht der Schiffer der kleinen Fahrzeuge, der Kähne, Kuffen, Tjalken u. s. w., die mit ganz geringer Besatzung fahren, abwechselnd mit seinen wenigen Leuten am Steuer; im Aufsetzen, Reffen, Einholen der Segel, im Aufwinden des Ankers thut er dieselben Dienste. In alten Zeiten ist das in der damals weit mehr vorwaltenden Kleinschiffahrt ebenfalls das hervorstehende Element gewesen. Schiffe dieser Art erfordern einen geringen Kapitalaufwand, eine geringe kaufmännische Leitung und auch die nautischen Kenntnisse der Schiffsführer können sich auf ein bescheidenes Maß beschränken, weil immer nur Küstenschiffahrt betrieben wird.

Die nächsten Größenklassen, Gallioten, Schauergallioten, Schuner, Schunerbriggs, Briggs u. dgl. sind heute an Zahl und Bedeutung sehr zurückgegangen. Auch sie sind aus der großen Fahrt, in der sie früher (nach Westindien, Südamerika, dem Mittelmeer, Archangel sowie in der chinesischen Küstenfahrt) stark beteiligt waren, fast verschwunden. Die Kapitalauslage war größer, weshalb oft dem Schiffer (Kapitän) andere Kräfte zur Seite trateu. Er mochte mit geliehenem Gelde arbeiten, das in dem Schiffe hypothesiert war (Bodmerei), oder Verwandte und Freunde zu Mitunternehmern (Mitreedern) haben. Oft auch war er nur der Schiffer auf dem Fahrzeuge, das einem anderen Reeder gehörte. Dabei kann er einfacher Lohnschiffer gewesen sein oder einen kleinen oder großen

Anteil am Gewinn gehabt haben. Alle Abstufungen dieser Art sind bei der Arbeitsverfassung vorgekommen.

Ebenso ist die Beteiligung des Unternehmers in allen Abstufungen und Varianten vorhanden gewesen. Bald hat der Reeder das Schiff aus eigenen Mitteln gebaut, bald hat er Freunde oder Geschäftsgenossen zu Mitreedern gehabt; namentlich häufig ist wohl die Beteiligung des Schiffers gewesen; dieser hat oft die Initiative zu einem Reedereiunternehmen ergriffen, in dem er ja an erster Linie die feste Anstellung fand; Verwandte und Freunde liehen ihm das Geld zu einem Kapitaleinschuß, der ihm verbürgte, daß er gar nicht oder nicht leicht an die Luft gesetzt werden konnte. Schiffsmakler, Provianthändler, Versicherer und sonstige Beteiligte, die an dem Geschäft mit dem Schiffe verdienten, gaben gleichfalls Geld her. Auch der Schiffsbauer hat sich oft beteiligen müssen, wenn er auf den Bau nur einging, um seinen Betrieb nicht ruhen zu lassen.

Von ganz anderer Seite trat der Kaufmann an die Sache heran. Er versprach sich oft wohl wenig von dem Reedereigewinn, mußte aber den dringenden Wunsch haben, für seinen Import von Roggen von Archangel, Zucker von Kuba, Kaffee von Laguayra oder Rio de Janeiro, Tabak von S. Domingo oder Bahia geeignete Schiffe zur Verfügung zu haben. Eben so oft war dieses Interesse auf sein Geschäft beschränkt, wie freundnachbarlich bei seinen Konkurrenten vertreten. Im letzteren Falle trat man zusammen, kaufte für gemeinschaftliche Rechnung ein oder mehrere Schiffe und überließ einem Beteiligten oder einem Unbeteiligten (etwa dem Schiffsmakler) die Verfügung über das Schiff. Ebenso oft war die Reederei Selbstzweck wie Mittel zum Zweck. Manchmal wurde der Reeder im Interesse seines Schiffes zum Kaufmann. Er hatte das Schiff nach irgend einem Platze gesandt in der Hoffnung, dort lohnende Fracht zu finden. Statt dessen ist gar keine Fracht zu erhalten oder nur eine ganz elende. Unter Umständen entschließt sich dann der Reeder durch den Kapitän oder durch ein befreundetes Haus eine Ladung kaufen zu lassen und mit ihr zu spekulieren. Solche Geschäfte macht er oft auch „für Schiffsrechnung“, so daß er seine etwaigen Mitreeder als Partner auch an der Ladung hat.

Nach Zeit und Ort haben sich diese Geschäfte stets in größter Mannigfaltigkeit gestaltet. Bestimmte Typen lassen sich gar nicht aufstellen. Ebensowenig läßt sich sagen, welche Typen zu gewisser Zeit und an gewissen Orten vorwiegend gewesen sind. Das Eine liegt allerdings auf der Hand: Die wachsende Größe der Schiffe, der Übergang zur Dampfschiffahrt, der Übergang von der Einzelfahrt zur Reihenfahrt, die Errichtung fester Linien und gar komplizierter, vielgestaltiger Dampfergesellschaften mußte alledem immer mehr ein Ende machen und immer vollständigere Arbeitsteilung zwischen Schiffer und Reeder, zwischen Reeder und Kaufmann herbeiführen. Der Schiffer als Schiffseigentümer ist bei Barken und Fregatten ein Ausnahmefall, bei Dampfern kommt er nur noch im Fähr- und vielleicht im kleinen Küstendienst vor. Er selbst ist in Gemeinschaft mit seinem Steuermann (oder Steuerleuten) der Mannschaft gegenüber der Offizier, der die Arbeiten befiehlt, aber nicht selbst mit ausführt, der Nautiker, ohne den die Mannschaft das Schiff gar nicht über weite Meere bringen kann, so daß diese auf ihn zur Erhaltung ihres eigenen Lebens ebenso angewiesen ist, wie er auf sie. Meutereien sind daher außerordentliche Seltenheiten. Mit dem höheren Dampferdienst tritt der Maschinist als Specialoffizier dem Kapitän und den Steuerleuten zur Seite; auch er ist ein gelehrter Mann, ohne den das Dampfschiff mit hoch ausgebildeter Maschine nicht zu navigieren ist.

Daß bei Segelschiffen der Schiffer Mitreeder ist, kommt auch heute noch oft vor, selbst bei großen Fahrzeugen von 2000 T und darüber. Aber die Verfügung über solche Schiffe liegt wohl immer in den Händen eines Reeders, des Korrespondentreeders, der alle Geschäfte der Reederei gegen Erstattung der Unkosten und eine feste Kommission besorgt. Zwei Prozent von der Bruttofracht ist ein sehr häufig vorkommender Satz.

Die Partenreederei ist eine sehr alte Form der Assoziation des Kapitals. Sie hat in der Schiffahrt der Holländer schon bei ihrer ersten großartigen Entfaltung am Ende des 16. Jahrhunderts, als man zum Walfischfang und zu den Fahrten nach Ostindien überging, eine große Rolle gespielt. Daneben kann man wohl die holländisch-ostindische Compagnie der damaligen Zeit als eine Aktiengesellschaft ansehen. Sie war Reeder, Kaufmann und Souverän über großen Kolonialbesitz in einer Person. Ebenso die späteren Kolonialgesellschaften in England und Frankreich. Zu allen Zeiten sind die Ergebnisse des Geschäfts wohl sehr schwankend gewesen. Zu allen Zeiten sind auch wohl Unkundige, Outsiders, bis zu Bauern und Handwerkern, als Partner herangezogen, im allgemeinen wohl die Unkundigen zu den gewagten und weniger aussichtsreichen Geschäften. In den Seestädten und Küstengegenden ergab sich solche Mitreederschaft leicht aus den vielgestaltigen persönlichen Beziehungen;

so namentlich auch bei den reichen Bauern in Ostfriesland, den Weser- und Elbemarschen und Schleswig-Holstein.

Das Eigentumsrecht am Schiffe beruht (wenigstens heutzutage in Deutschland) auf dem Schiffsregister. Es werden keine Inhaberpapiere ausgegeben, auch nicht wo der Besitz stark zersplittert ist. Das macht Schiffsparte sehr schwer veräußerlich. In der Partenreederei wird der Gewinn gänzlich zur Verteilung unter die Mitreeder gebracht, es wird also keine Rücklage für Entwertung, Abnutzung, zunehmendes Alter gemacht. Das muß jeder Mitreeder selbst berücksichtigen. Die Aktiengesellschaft muß bei Aufstellung der Bilanz solche Entwertung berücksichtigen, sie muß abschreiben, eventuell einen Reservefonds anlegen. Gewinne darf sie erst verteilen, nachdem dies geschehen ist. Daher sehen Dividenden von Partenreedereien stets nach viel mehr aus, als sie bedeuten und nach viel mehr als Dividenden von Aktiengesellschaften. Ist etwa eine Abnutzungsrate von 5 % als angemessen anzunehmen, so bedeuten 10 % Dividende der Partenreederei gerade so viel wie 5 % der Aktiengesellschaft.

Die Partenreederei hat sich bis zur Gegenwart erhalten, namentlich für Segelschiffe, in seltenen Fällen auch wohl für Dampfer. Neuerdings geht man auch in der Segelschiffahrtsreederei zur Aktiengesellschaft über, um den Teilnehmern die Gelegenheit zu geben, ihren Besitz zu verkaufen, zu verkleinern oder zu vergrößern. Es bildet sehr oft einen der hauptsächlichsten Einwände gegen die Beteiligung an einer Partenreederei, daß Schiffsparte in der Regel gar nicht zu veräußern sind, selbst nicht mit einer namhaften Einbuße im Preise. Der Partner muß in der Regel das Ende der Unternehmung abwarten, den Verkauf oder den Untergang. Die durch Inhaberaktien repräsentierten kleinen Anteile, die ja meistens sogar einen Börsenkurs haben, kann man viel leichter zu Gelde machen. Daher haben sich neuerdings alte Partenreedereien in Aktiengesellschaften verwandelt.

In der Segelschiffahrtsreederei ist die persönliche Beziehung des Kapitalisten zum Schiffe noch sehr stark vorhanden. Viele einzelne Reeder und Kaufleute haben noch ansehnliche Flotten zur See. Dabei mag ja auch wieder Beteiligung von Mitreedern vorkommeu, aber diese pflegen der Sache viel näher zu stehen als die Inhaber von Reedereiaktien; diese bestehen ja zum Teil aus Leuten, die zur Schiffahrt keine eigentlichen Beziehungen haben, die sich nur aus irgend einer Konjunktur-Kombination eine Anzahl von Aktien kaufen, um sie möglichst bald mit Vorteil wieder loszuschlagen; von der Verwaltung pflegen sie sich ganz fern zu halten, die Generalversammlungen besuchen sie selten. Ihr ganzes Interesse an dem Gang der Dinge beschränkt sich auf den Kurszettel. Der Unternehmer der Segelschiffsreederei ist durchweg ein Fachmann, der entweder allein steht oder fachmännische und nichtfachmännische Mitreeder zur Seite hat.

Einen Einblick in die Eigentumsverhältnisse gewährt die folgende dem Register des Bureau Veritas entnommene Thatsache, daß es im Herbst 1901 115 deutsche Reedereien für eiserne Segelschiffe gab. Unter diesen hatten die folgenden 19 mehr als fünf größere eiserne Schiffe (Fischereifahrzeuge, Fährschiffe, Schleppschiffe, Seeleichter nicht berücksichtigt):

Aktien-Gesellschaft Alster, Hamburg . .	6	Schiffe
M. G. Amsink, Hamburg	6	"
Reederei-Aktien-Gesellsch. v. 1896 . . .	6	"
Knöhr & Burchard, Hamburg	12	"
F. Laeisz, Hamburg	17	"
C. M. Matsen, Hamburg	7	"
Mentz, Decker & Co., Hamburg (darunter nur 1 größeres)	6	"
H. H. Schmidt, Hamburg	8	"
R. M. Sloman & Co., Hamburg (darunter 7 größere)	8	"
Wachsmuth & Kroghmann, Hamburg (darunter 5 größere)	8	"
B. Wencke & Söhne, Hamburg . . .	16	"
Gildemeister & Ries, Bremen	8	"
J. C. Pflüger & Co., Bremen . . .	5	"
E. C. Schramm & Co., Bremen . . .	5	"
Reederei „Visurgis" Akt.-Ges., Bremen .	7	"
Rickmers Reismühlen, Reederei u. Schiffsbau Akt.-Ges., Bremen	7	"
D. H. Wätjen & Co., Bremen (darunter 9 größere)	13	"
Ad. Schiff, Elsfleth (darunter 4 größere)	6	"
C. H. H. Winters, Elsfleth (darunter 6 größere)	5	"
C. D. G. Hayl, Brake	6	"
Zusammen	162	Schiffe.

Es giebt noch manche Firmen, die zum Teil eiserne, zum Teil hölzerne Schiffe, zusammen mehr als fünf größere Fahrzeuge haben; es führt zu weit, sie alle aufzuführen. Reedereien mit mehr als 4 hölzernen Segelschiffen kommen gar nicht vor. Von der Gesamtzahl von 955 deutschen Segelschiffen bilden die obigen 162 nur den sechsten Teil, doch ist ihr Größenanteil viel bedeutender. Die Liste giebt also einen ganz guten Einblick in die derzeitige deutsche Großreederei mit Segelschiffen.

Die Dampfschiffsreederei hat die älteren Formen des Unternehmertums von vorn herein fast vollständig übersprungen. Schon die ersten mit Dampf getriebenen Seeschiffe erforderten ein so bedeutendes Kapital, daß sich selten Einzelunternehmer hinanwagten. Bezeichnend ist, daß die erste amerikanisch-deutsche Dampferlinie ein Aktienunternehmen war. Dann kommen auch noch kleine Dampferreedereien von einzelnen Kaufmanns- oder Reederfirmen vor. So erwarb z. B. ein Bremer Haus zwei der Dampfer der verauktionierten deutschen Flotte und ließ sie als Aventureschiffe fahren. Auch machten einzelne Firmen um 1880 herum den Versuch, mit wenigen Schiffen die Aventurefahrt zu betreiben — durchweg mit höchst ungünstigem Ergebnis, zumal sie in eine überaus nachteilige Konjunktur gerieten. Sehr bald erwies sich bei der Dampfschiffsreederei die Verteilung des Risikos auf viele Schultern und viele Schiffe als die weitaus überlegene Betriebsform; ebenso die regelmäßige Linie gegenüber der Aventurefahrt; endlich auch die Kombination von Linien gegenüber der vereinzelten Linie.

So ist denn die Tendenz unverkennbar, die einzelnen Aktiengesellschaften mit einander zu verschmelzen und einen einheitlichen Centralbetrieb herzustellen, dessen Zweige einander in die Hände arbeiten können. Sie ist vor allem in Hamburg zum Ausdruck gekommen. Die Hamburg-Amerika-Linie hat nach und nach folgende Dampferlinien angekauft und ist dadurch zur größten Dampfergesellschaft der Welt geworden: 1. April 1875 die Adlerlinie Hamburg—New-York, 6 Dampfer; 2. 1888 die Carr-Linie Hamburg—New-York, 4 Dampfer; 3. 1896 die Hansa-Linie Hamburg—Montreal—Boston, 4 Dampfer; 4. 1898 die Kingsin-Linie Hamburg—Ostasien, 6 Dampfer; 5. November 1899 die Reederei De Freitas Hamburg—Südamerika, 14 Dampfer, 43000 T. Diese 5 Linien domizilierten auch vorher in Hamburg; 6. Chinesische Küstenlinie, 1 Dampfer der Firma Diederichsen, Jebsen & Co. in Apenrade; 7. Frühjahr 1901 die englische Atlas-Linie, New-York—Westindien und Centralamerika, 7 Dampfer. — Die Gesellschaft betreibt augenblicklich folgende regelmäßigen Linien:

1. Hamburg—New-York, 2. Hamburg—Baltimore, 3. Hamburg—Philadelphia, 4. Hamburg—Boston, 5. Hamburg—Portland, 6. Hamburg—Philadelphia, 7. Hamburg—New-Orleans, 8. Hamburg—Montreal, 9. New-York—Stettin, 10. Eine Gruppe von Linien von Hamburg nach S. Thomas, Haity, Mexiko, 11. Eine Gruppe von Linien nach S. Thomas, Portorico, Kuba, Venezuala, Curaçao, Columbien, 12. Hamburg—Penang, Singapore, Hongkong, Shanghai, Yokohama, Hiogo (Frachtdampfer), 13. Hamburg—Nordbrasilien, 14. verschiedene bisher von der Firma De Freitas & Co. in Hamburg betriebene Linien von Hamburg nach Brasilien, 15. Antwerpen—Laplata, 16. Genua—Laplata, 17. Hamburg—Westküste Südamerikas, 18. Canton—Hongkong—Shanghai, 19. Shanghai—Kiautschou—Tschifu—Tientsin, 20. Subventionierte Postdampferlinie Deutschland—Ostasien in Gemeinschaft mit dem Nordd. Lloyd, 21. New-York—Ostasien, 22. New-York—Westindien, dazu kommt 23. eine in der Errichtung begriffene Linie San Franzisko—Ostasien, endlich 24. Flußdampferlinie auf dem Jangtsekiang in Verbindung mit dem Lloyd.

Die Gruppen 9 und 10 umfaßten bisher 8 Linien, die jetzt auf 7 reduziert sind.

Die bisher von der Gesellschaft betriebene Linie Genua—New-York ist unter dem Namen „Italia" in eine zu Genua domizilierte Gesellschaft verwandelt, damit die Unternehmung der Vorteile genieße, die die italienische Flagge in diesem Verkehr besitzt. Die Hamburg-Amerika-Linie hat sich in der Generalversammlung derselben den maßgebenden Einfluß gesichert.

Die Hamburg-Amerika-Linie arbeitete im Frühjahr 1901 mit einem Aktienkapital von 80 Millionen und Anleihen von $12^3/_8$ Mill., wozu $27^1/_2$ Mill. Mk. kommen, die im Frühjahr 1901 aufgenommen sind. Ihre Reservefonds, Erneuerungsfonds und Assekuranzreserven betrugen 20,3 Mill. Das Gesamtkapital 140 Mill. Mk. Sie hatte in der Fahrt 98 Ozeandampfer von zusammen 486 528 T. Brutto, im Bau 15 Ozean-Dampfer von zusammen 98 600 T. Brutto. Ferner 24 Flußdampfer, 14 Barkassen, 82 Leichter, endlich 15 kleine Schiffe im Bau. Die Gesamtheit der kleinen Schiffe hatte einen Raumgehalt von 30 050 T. Unter den Leichtern befinden sich 19 dem brasilianischen Dienst gewidmet.

Alles in allem 615 178 T. Brutto.

Der Norddeutsche Llod in Bremen, die zweitgrößte Reederei-Gesellschaft der Welt, früher sogar längere Zeit die größte, hat bremische oder deutsche Gesellschaften nicht übergeschluckt. Er hat vielmehr einen anfänglichen Geschäftszweig, die Englandfahrt, an die zu diesem Zweck gebildete Gesellschaft „Argo" abgestoßen. Aber er hat von Anfang an mannigfaltige Ziele im Auge gehabt: die Ozeanfahrt nach New-York, die Passagier- und Frachtfahrt auf der Unterweser und Oberweser, die Schlepperei zwischen Bremerhaven und der See. Dazu kamen 1868 eine Linie nach Baltimore, 1870 eine Linie nach Westindien, die erste als eigenes (jedoch vom Lloyd betriebenes) Aktienunternehmen, das sich später nach ungünstigen Ergebnissen mit der Hauptlinie verschmolz. 1886 wurden die neuen, vom Reiche subventionierten Linien nach Ostasien und Australien eröffnet. Dann kamen die südamerikanischen Linien hinzu. 1898 erfolgte der schon erwähnte Ankauf der Scottish-Oriental und der East-India-Ocean-Comp. — Der Nordd. Lloyd betreibt zur Zeit folgende Linien:

1. eine Linie von Bremerhaven oder Hamburg nach Shanghai,
2. eine Linie von Bremerhaven oder Hamburg über Hongkong nach Yokohama mit einer Anschlußlinie nach Shanghai,
3. eine Anschlußlinie von Singapore nach Neu-Guinea,
4. eine Linie von Bremerhaven nach Sydney.

Diese vier sind vom Reiche unterstützt. Außerdem folgende nicht unterstützte Linien:

1. Bremen-New-York, Schnell- und Postdampferlinien, 2. Bremen-Baltimore, 3. Bremen-Galveston, 4. Bremen-Brasilien, 5. Bremen-La Plata, 6. Bremen/Hamburg-Ostasien (Frachtdampferlinie), 7. Genua-Neapel-New-York (Schnelldampferlinie), 8. Singapore-Bangkok, 9. Singapore-Borneo-Manila, 10. Bangkok-Swatow-Hongkong, 11. Swatow-Hankow, 12. Fahrten auf dem Yangtsekiang, 13. verschiedene kleinere Zweiglinien in den ostindischen und chinesischen Gewässern, 14. vier europäische Linien nach den Nordsee-Bädern, 15. Verbindungen zwischen Neapel und Capri (Winterdienst), 16. Passagier- und Schleppdampferverkehr auf der Unterweser und nach Hamburg.

Das Aktienkapital des Lloyd betrug Anfang 1901 80 Mill., doch hat im Frühjahr 1901 die Generalversammlung die Erhöhung auf 90 Mill. genehmigte; die letzten 10 Mill. Mk. Aktien sind bis Januar 1902 noch nicht ausgegeben. Die Anleihe betrug 30 173 000 Mk., welcher Betrag sich noch um 20 Mill. Mk. erhöht, die im Frühjahr 1901 ausgegeben sind. Die Reservefonds, Assekuranzreserve, Erneuerungsfonds, Versicherungsfonds 18 745 000 Mk. Das Gesamtkapital also 158 918 000 Mark, einschließlich der Kapitalvermehrung im Frühjahr 1901.

Die Ozeanflotte des Lloyd bestand im März 1901 aus 63 Ozeandampfern von zusammen 366 282 T. Brutto, ferner 7 im Bau befindlichen von zusammen 73 000 T.; sodann im Betrieb 40 Dampfer der indischchinesischen Küstenfahrt von zusammen 58193 T. und 5 im Bau befindlichen für diese Fahrt von zusammen 5350 T. Außerdem 35 Flußdampfer von zusammen 5469 T. und 116 Leichterfahrzeuge von zusammen 29244 T. Endlich das Schulschiff „Herzogin Sophie Charlotte" 2581 T. Alles in allem 540119 T.

Auf die weiteren Dampfschiffsreedereien ist hier im einzelnen nicht einzugehen. Einschließlich der Fischerei gab es ihrer nach Veritas im Herbst 1901 256. Darunter befanden sich, wenn man die Fischerei- und Fährunternehmungen wiederum außer acht läßt, folgende 47 mit 5 und mehr Schiffen:

C. Andersen, Hamburg	5	Dampfer,
Chinesische Küstenfahrt, Hamburg . . .	7	"
Dampfschiffsreederei von 1889, Hamburg	8	"
De Freitas & Comp., Hamburg (neuerdings zur Hamb.-Amerika-Linie gehörig)	5	"
Deutsch-Austral. D.-Ges., Hamburg . .	25	"
Kosmos-Linie, Hamburg	29	"
Levante-Linie, Hamburg	22	"
Deutsch-Ostafrika-Linie, Hamburg . . .	14	"
H. M. Gerkens, Hamburg	8	"
Hamburg-Amerika-Linie, Hamburg . .	123	"
Hamburg-Südamerika-Linie, Hamburg .	33	"
Hanseat. Dampfer-Ges., Hamburg . . .	8	"
Adolf Kirsten, Hamburg	22	"
L. F. & W. Matthies, Hamburg . . .	6	"
Nord-Ostsee-Reederei, Hamburg . . .	10	"
Rob. M. Sloman & Co., Hamburg . .	12	"
Rob. M. Sloman jun., Hamburg . . .	20	"
Woermann-Linie, Hamburg	28	"
Dampfsch.-Ges. Argo, Bremen	28	"
" " Neptun, Bremen . . .	50	"
" " Hansa, Bremen . . .	43	"
Norddeutscher Lloyd, Bremen	115	"
Deutsch-Amerik. Petrol-Ges., Geestemünde	17	"
Heinr. Diederichsen, Kiel	10	"
Flensb. Dampf.-Comp., Flensburg . .	12	"
" " " von 1869, Flensburg	10	"
Holm u. Moltzen, Flensburg	11	"
Franz Griebel, Stettin	19	"
Zusammen	700	Dampfer.

	Übertrag	700 Dampfer,
E. Haubuß, Stettin	5	"
F. Ivers, Stettin	5	"
H. C. Horn, Schleswig	13	"
Oldenburg-Portugies. D.-Reederei, Oldenburg . . . . , ...	15	"
M. Jebsen, Apenrade	20	"
Memeler Dampfsch.-Akt.-Ges., Memel . .	6	"
Behn & Sieg, Danzig	5	"
F. G. Reinhold, Danzig	10	"
Th. Rademacher, Danzig	12	"
Marc Cohn & Sohn, Königsberg . . .	6	"
W. Kunstmann, Stettin	7	"
Neue Dampfer-Comp., Stettin	25	"
Stenzel & Bolke, Stettin	11	"
Paulsen & Ivers, Kiel	10	"
Sartori & Berger, Kiel	22	"
Schmidt & Hansen, Flensburg	11	"
H. Schuldt, Flensburg	10	"
H. W. Podens, Wismar	8	"
Zerssen & Co., Rendsburg	6	"
	Zusammen	907 Dampfer.

Eine Zusammenstellung der Kapitalien, mit denen die hauptsächlichsten Dampfergesellschaften arbeiten, mag hier noch Platz finden. Für die beiden größten gelten die Zahlen vom Frühjahr 1901 wie vorerwähnt; für die übrigen diejenigen vom Frühjahr 1900. — Zahlen in Millionen Mark:

	Aktien-Kapital	Anleihe	Reserven
Hamburg-Amerika-Linie, Hamburg . .	80	40	20,3
Deutsch-Austral. D.-Ges., Hamburg . .	9	2	1,6
Kosmos-Linie, Hamburg	11	0	3,1
Levante-Linie, Hamburg	4	0,75	0,5
Deutsch-Ostafrika-Linie, Hamburg . .	10	0	1,0
Hamburg-Südamerika-Linie, Hamburg .	11,25	5	5,0
Chinesische Küstenfahrt, Hamburg . .	2,4	0	0,2
Nordd. Lloyd, Bremen	90	30,2	38,7
Dmpf.-Ges. Argo, Bremen	7	0,5	0,1
" " Neptun, Bremen	3,5	2,35	1,4
" " Hansa, Bremen	15	5,5	4,0
Flensb. Dpf.-Comp., Flensburg . . .	3	0	0
" " " v. 1869, Flensburg	2	0	0,3
Oldenb.-Portug. D.-Reederei, Hamburg	1,4	0	0,4

Eine kurze Übersicht über die geschäftlichen Ergebnisse liefert folgende Liste der gezahlten Dividenden-Prozente:

	Für									
	1891	1892	1893	1894	1895	1896	1897	1898	1899	1900
Hamburg-Amerika-Linie[1]	5	0	0	0	5	8	6	8	8	10
Deutsch-Austral. D.-Ges.	0	0	0	0	0	5	8	10	10	12
Kosmos-Linie	$8^1/_2$	$2^1/_2$	7	4	8	11	$7^1/_2$	9	11	15
Levante-Linie[2]	0	0	0	0	0	4	6	9	7	10
Deutsch-Ostafrika-Linie[3]	—	—	—	0	6	6	3	3	6	8
Hamburg-Südamerika-Linie	10	10	10	12	7	10	12	16	10	10
Chines. Küstenfahrt	3	0	0	3	7	0	0	3	4	—
Nordd. Lloyd	0	$1^1/_2$	3	0	0	4	5	7	$7^1/_2$	$8^1/_2$
Dmpf.-Ges. Argo	—	—	—	—	—	7	7	6	6	8
" " Neptun	8	6	6	$13^1/_3$	10	11	10	12	9	12
" " Hansa[4]	{ $3^1/_2$ / $4^1/_2$	3 / 0	$4^1/_2$ / 2	6 / 7 }	6	0	8	14	14	14
Flensb. D.-Comp.	—	—	—	—	—	7	7	8	10	?
" " " von 1869[5]	$7^1/_2$	0	3	0	8	6	4	10	10	?
Oldenb.-Portug. D.-Reederei	8	6	8	7	10	14	15	16	20	?

Die Liste zeigt, wie launisch und wetterwendisch das geschäftliche Glück in der Reederei ist. Die Gesamtergebnisse des Jahrzehnts sind nicht glänzend, namentlich wenn man berücksichtigt, daß gerade die beiden großen Gesellschaften eine Reihe sehr schlechter Jahre hatten. Mit 1895 und 1896 trat eine Wendung zum Besseren ein und die letzten Jahre sind ja in der That glänzend gewesen.

Was wegen Reichssubvention zu sagen ist, habe ich im dritten Kapitel S. 87 ausgeführt.

Einigermaßen parallele Verhältnisse kommen bei den Schiffsbau-Aktiengesellschaften zu Tage. Ein Blick auf sie wird zur Vervollständigung des allgemeinen Bildes beitragen:

(Siehe die Tabelle S. 107.)

Außer der Hamburg-Amerika-Linie und dem Lloyd werden noch folgende Seeschiffahrtsgesellschaften an der Berliner Börse gehandelt: Chinesische Küstenfahrt-Gesellschaft, Hamburg, Deutsch-Austral. D.-Ges., Hamburg, Dampfsch.-Ges. Hansa und Argo, Bremen, Neue Stettiner Dampfsch.-Ges., Stettin.

[1] 1877 wurde das Kapital von $22^1/_2$ auf 15 Mill. Mk. herabgesetzt.

[2] 1892 Kapital von 1 650 000 auf 1 100 000 Mk. herabgesetzt.

[3] 1895 Kapital von 6 auf 5 Mill. Mk. herabgesetzt.

[4] 1885 Kapital von 5 auf 3 Mill. Mk. herabgesetzt. Bis 1894 war die Unternehmung in zwei gesonderte Rechnungen gespalten.

[5] Kapital 1887 und 1890 von 2 750 000 Mk. auf 1 650 000 Mk. herabgesetzt.

	Aktien-Kapital in Millionen Mk. im Jahre 1900	Dividenden									
		1891	1892	1893	1894	1895	1896	1897	1898	1899	1900
Vulcan, Stettin . . .	10	9	9	7½	6	6	6	10	14	12	14
Oderwerke, Stettin .	?	—	—	—	—	5[1]	5[1]	5[1]	1/6[1]	5[1]	?
Blohm & Voß, Hamburg	6,0	0	4	5	6	7	8	5	5	8	?
Reiherstieg, Hamburg	2,5	10	10	10	9	7	5	10	9	10	10
Janssen & Schmilinsky, Hamburg	0,3	10	6	2	2	5½	2	5	4	5	0
Germania, Kiel . . .	5,5	0	6½[1]	4½[1]	0	0	4½[1]	4½[1]	4½[1]	4½[1]	4½[1]
Howaldtwerke Kiel .	5,0	6	7	8	8	8	6	7	7	8	8
Flensburger Schiffsbau-Gesellschaft . .	3,3	6	14	9	10	10	8	13	18	18	?
Weser, Bremen . . .	2,2	9	8	3	0	0	6	9	8	8	12
Bremer Vulcan. . .	4,0	—	—	6	12	9	10	10	12	12	12
G. Seebeck, Bremerhaven	1,0	—	—	—	—	—	7½	7½	0	0	8
Joh. C. Tecklenborg, Bremerhaven . . .	1,4	—	—	—	—	—	—	0	0	9	12
Neptun, Rostock. . .	1,65	0	0	0	0	0	0	0	4	8	9
Zusammen	42,85 Mill. Mk. exkl. Oderwerke.										

Alle Dampfergesellschaften sind ursprünglich von ihren Heimatshäfen (die Oldenburg.-Portug. von Oldenburg aus) selbständig und unabhängig erzeugt worden. Erst bei ihrem beträchtlichen Wachstum mußte man sich an die großen Geldkräfte, an die Banken in Berlin wenden. Diese haben ein größeres Kapitalistenpublikum in Deutschland für die Unternehmungen gewonnen und wohl auch einen Teil der Gelder selbst hergegeben. An den Emissionen von Aktien und Anleihen waren sie seit Jahrzehnten stark beteiligt; auch haben sie ihre Vertreter in den Verwaltungsräten, deren große Mehrheiten jedoch aus den Kaufleuten, Reedern und Kapitalisten der Heimatshäfen selbst gebildet ist. In Bremen ist die Ansicht allgemein, daß der größere Teil des jetzigen Lloydkapitals vom Binnenlande dargeboten ist. Gewißheit läßt sich darüber nicht erbringen. Die kleineren Gesellschaften sind noch jetzt ausschließlich oder ganz überwiegend in den Händen der Heimatshäfen.

Die entscheidende Leitung aller Gesellschaften liegt in den seestädtischen Kreisen selbst und ist keineswegs auf die haute finance übergegangen. Diese scheint auch mit der Verwaltung ihrer Kapitalien durch die see-

[1] Nur für Vorzugsaktien. — Die Rechnungsjahre verschiedener Gesellschaften schließen mit dem 30. Juni.

städtischen Kreise ganz einverstanden zu sein. Vom Auftreten des amerikanischen Riesenkapitals hat man noch nichts gespürt. Gerüchte dieser Art, die im Mai 1901 in Umlauf waren, erwiesen sich als unbegründet. Später tauchten sie von neuem auf.

Mitverfügung der Ortsbehörden, der Kommunalverwaltungen oder — für Hamburg und Bremen wäre so etwas denkbar — der Staatsverwaltungen besteht bei den größeren Reedereigesellschaften nicht. Ob bei Fährgesellschaften so etwas vorkommt, ob bei kleinen Schiffspostbetrieben die Reichspost Mitunternehmerin ist, entzieht sich meiner Kenntnis und ist wohl nicht generell zu beantworten. Am meisten auf einander angewiesen sind Bremen und der Norddeutsche Lloyd. Die letzten großen Hafenbauten in Bremerhaven (Erweiterung des Kaiserhafens, Kammerschleuse, Trockendock) hat der bremische Staat geradezu für den Nordd. Lloyd hergestellt, jedoch auf Grund eines besonderen Vertrages, mittels dessen sich der Lloyd zur Zahlung eines bestimmten erhöhten Hafengeldes verpflichtete, aus welchem man die Verzinsung der Kosten decken konnte. Im übrigen sind die Rechnungen gänzlich getrennt, der Staat bleibt Herr seiner Häfen, der Lloyd ist unabhängig in seinen Unternehmungen.

Auf die interessante Frage, wie viel Arbeitgeber und wie viel Arbeiter in der Seeschiffahrt thätig sind, giebt uns die Berufsstatistik keine brauchbare Antwort [1]. Während die Schiffahrtsstatistik des Reichs für 1895 in der deutschen Handelsflotte 40 984 Mann Besatzung

[1] Aus der noch (Januar 1902) im Druck befindlichen Reichsstatistik der Seeschiffahrt im Jahre 1900 verlautet halbamtlich Folgendes: „Die regelmäßige Besatzung der deutschen Seeschiffe bezifferte sich am 1. Januar 1901 auf 50556 Mann gegen 44 872 am 1. Januar 1900, hat also während des Jahres 1900 eine nicht unbedeutende Steigerung (12,7 v. H.) erfahren. Diese ist hauptsächlich durch den verhältnismäßig bedeutenden Zugang großer, mit einer starken Besatzung versehener Dampfer in Hamburg und Bremen hervorgerufen worden. Von der Gesamtbesatzung waren am 1. Januar 1901: 12922 Mann für Segelschiffe, 773 Mann für Schleppschiffe (Seeleichter) und 36861 Mann für Dampfschiffe bestimmt; die entsprechenden Zahlen für den 1. Januar 1900 stellten sich auf 13268, 577 und 31027 Mann. Für den 1. Januar 1901 fanden zum erstenmale Erhebungen über das Dienstverhältnis des Personals der deutschen Seeschiffe statt. Danach gliederte sich dieses in 28479 Mann seemännisches Personal, 14582 Mann Maschinenpersonal und 7495 Mann, die zu anderen dienstlichen Verrichtungen (für die Verwaltung, Verpflegung, Aufwartung 2c.) bestimmt waren. An Offizieren oder in Offiziersstellungen befindlichen Personen wurden gezählt unter dem seemännischen Personal 7061 (Schiffer und Steuerleute), unter dem Maschinenpersonal 3178 (Maschineningenieure und Maschinisten) und unter dem übrigen Personal 762 Personen (Ärzte, Zahlmeister 2c.).

verzeichnet, kennt die Berufsstatistik überhaupt nur 16256 Erwerbsthätige in der See- und Küstenschiffahrt und außerdem 10144 Erwerbsthätige in der „Fischerei auf offener See und an den Küsten (Hauptberuf)“. Die Seefischerei rechnet sie bezeichnenderweise zur — Landwirtschaft. Dazu kämen noch 239 Leute, die die Seeschiffahrt, und 2080, die die Seefischerei als Nebenberuf ausüben. Die Berufszählung bleibt also um ein volles Drittel hinter den Zahlen für die Besatzung der Seeschiffe zurück. Sie hat ganz naturgemäß die am Zählungstage abwesenden Leute nicht berücksichtigen können. Anderseits hat sie doch die im Hafen anwesenden Ausländer einbegriffen. — Die Reederei wird in der Berufszählung mit der Schiffsbefrachtung zusammengefaßt, so daß auch mit dieser Rubrik nichts anzufangen ist.

Man müßte eine Geschichte der Steuermannskunst schreiben, wollte man darlegen, in welchem Maße die Fachbildung der Kapitäne sich mit den wachsenden Aufgaben, dem Wert und der Größe der Schiffe, der Länge der Reisen gehoben hat. Bei den Dampferkapitänen ist die Nautik im älteren Sinne bis zu einem gewissen Grade zurückgetreten, dafür aber eine gewisse Kenntnis des Maschinenwesens und vollständige Beherrschung der Einwirkung dieser Kraft auf das Schiff notwendig geworden. Der Typus des „alten Seebären“ ist durch die regelmäßige Passagierfahrt stark abgeändert. Der Bildungsgang — auch des Kapitäns eines größeren Segelschiffes — ist nicht mehr wie in den altväterischen Zeiten und wie auf den Küstenschiffen noch heute wesentlich derselbe wie der des Schiffsmannes. Er ist von Anfang an ein anderer und durch den Besuch der Navigationsschulen bestimmt. Die Laufbahn des Steuermanns und Kapitäns hat der des Schiffsvolks gegenüber etwas von der Offizierskarriere an sich.

Der Kapitän hat neben einer festen Gage in der sehr großen Mehrzahl der Fälle noch Anteil am Gewinn. Beim Segelschiff sind das seit altersher die „Kaplaken“, d. h. ein Anteil von 5—8% von den Frachteinnahmen nach Abzug gewisser unmittelbarer Ausgaben (Tonnengelder, Stauerlohn, Entladung, Kommission). Die Festsetzung dieses Verdienstes unterliegt lediglich dem Einzelvertrag. Daneben hat der Kapitän, namentlich auf Passagierschiffen, noch Nebeneinnahmen, wenn er seine Kabine abgeben kann. Mancher Kapitän hat sich so viel erworben und erspart, daß er Partner am Schiffe werden konnte. Oder er gab die Seefahrt auf und errichtete am Lande ein Reedereigeschäft (eventuell mit Partnern) wobei er Korrespondentreeder wurde und davon den Verdienst hatte. Oder er beteiligte sich am Schiffsbau, gründete ein Geschäft mit

Schiffsutensilien („Shipchandler") oder Proviant, oder Kohlen oder Holz oder mit sonstigen seinem früheren Beruf naheliegenden Dingen. Auch wohl in selteneren Fällen mit ganz berufsfremden Dingen. In kleineren Verhältnissen ist auch wohl der Übergang zum Schankgewerbe (bis herunter zur Matrosenkneipe) vorgekommen. Reederei-Gesellschaften verwenden vorzugsweise ihre alten Kapitäne zu Stellungen am Lande (als Inspektoren ihres Betriebes oder an ihren Kontoren). Ebenso machen es die Kaufmannschaften mit Stellen, die sie zu vergeben haben, offizielle und inoffizielle. Auch die Ortsbehörden haben manche kleinere Ämter, zu denen sich gewesene Seeleute hervorragend eignen und zu denen diese (nicht bloß die Kapitäne) vorzugsweise berücksichtigt werden; so z. B. im Hafen- und Lagerhausdienst, auf Leuchttürmen, im Lotsenwesen u. s. w. u. s. w. — Der Kapitän des großen Dampfers hat wohl meistens einen kleinen Anteil am Reingewinn. Mit der Größe und dem Anlagekapital des Schiffes sinkt natürlich prozentualiter der Gewinnanteil des Kapitäns. Trotzdem ist das Einkommen der Führer großer Schnelldampfer weit besser als das ihrer Kollegen von kleineren Fahrzeugen.

Steuerleute haben wohl durchweg keinen Anteil am Brutto- oder Nettogewinn.

Ebensowenig die Maschinisten, die einen völlig selbständigen Zweig des Schiffsoffizierstandes bilden.

Auf Ärzte, Oberköche, Oberstewards u. s. w. brauche ich hier nicht einzugehen.

Um die Frage der Gewinnbeteiligung hier gleich zu erledigen, sei auf den einzigen Fall verwiesen, in welchem solche auch für die Mannschaften in organisierter und umfassender Weise vorgekommen ist, und zwar seit Jahrhunderten und bis auf den heutigen Tag noch vorkommt, nämlich die Fischerei, in erster Linie den Walfischfang. Dr. Moritz Lindeman hat über dieses eigenartige und einst auch für Deutschland bedeutungsvolle Gebiet nautischer Thätigkeit zwei umfassende, weit ausholende Arbeiten geschrieben: Die arktische Fischerei der deutschen Seestädte von 1620—1868. Ergänzungsheft Nr. 26 zu Petermanns Mitteilungen, 1869, Gotha, Perthes. Und: Die gegenwärtige Eismeerfischerei und der Walfang. Band IV. der Abhandlungen des Deutschen Seefischerei-Vereins, Berlin, Salle. Man findet in der ersteren auf Seite 29 Näheres über die holländische Partenreederei und Beteiligung von berufsfremden Leuten. Auf Seite 20, 21, 36, 86, 105 Näheres über die Anteile der Unternehmer und der Besatzung. Auf Seite 113 ist sogar wörtlich eine vollständige Musterrolle vom Jahre 1867, ausgestellt zu Geestemünde über die Grönlandsfahrt des Dampfschiffes „Albert“, mitgeteilt. Die Gewinnbeteiligung ist in holländischen Stübern pro Faß Thran, also vom Bruttogewinn, ausbedungen. Auf Seite 49/50 der zweiten Abhandlung ist Näheres über die Gewinnbeteiligung auf den heutigen kanadischen Seehundsschiffen des St. Lorenz-Golfes mitgeteilt. Während in dem erwähnten deutschen Fall (wie in Europa wohl immer) neben der Gage ein kleiner Gewinnanteil bezahlt wurde, ist die kanadische Mannschaft ganz auf einen solchen angewiesen. Die Offiziere erhalten Gage und einen Mannesanteil, die Matrosen u. s. w. nur den Mannesanteil. Der Bruttoerlös wird derart verteilt, daß das Schiff zwei Drittel erhält, die Mannschaft ein Drittel, und zwar wird letzteres nach Kopfzahl verteilt; auch die Offiziere erhalten nur einen Mannesanteil; nur beim Kapitän ist derselbe im voraus auf 10 Cents für jeden getöteten Seehund bestimmt.

Beim Walfisch- und Seehundfang war die Gewinnbeteiligung naturgemäß und geboten. Sie allein steigerte den Eifer der Mannschaft aufs höchste, und auf ihn kommt hierbei unendlich viel mehr an als bei der Frachtfahrt, die sich vielmehr durch einfache Pflichterfüllung erledigt. Lindeman schildert auch anziehend, wie die Walfischfänger im Winter in der Heimat gemütlichen Nebenberufen oblagen, wie z. B. ein Speckschneider (eine der wichtigsten Personen an Bord) im Winter Dorfmusikant war; ferner wie die bäuerlichen Familien der Küstengegenden sich durch jüngere Mitglieder am Walfischfang beteiligten. — Jetzt ist das einst blühende und zu Zeiten sehr lukrative Gewerbe des Walfischfangs und der Seehundsjagd — der erstere wurde auch vielfach von Hamburg und namentlich Bremen aus bis in den nördlichen stillen Ozean und sogar nördlich von der Behringstraße ausgedehnt — in Deutschland und Holland gänzlich erloschen. Statt dessen ist die *Hochseefischerei* emporgekommen, auf die weiterhin zurückzukommen sein wird. Nur was die Gewinnbeteiligung anbelangt, sei erwähnt, daß sie noch heute üblich ist. Siehe z. B. Mitteilungen des Deutschen Seefischerei-Vereins, Oktoberheft 1900.

In der *Schiffsmannschaft* ist die alte *Einheitlichkeit der technischen Ausbildung* stark in die Brüche gegangen, jedoch unter den Segelschiffsleuten noch immer völlig erhalten. Auf Dampfern dagegen hat sie sich stark differenziert. Und Dampferleute wie eigentliche Seeleute haben einen ihnen früher obliegenden Thätigkeitszweig gänzlich abgegeben: das *Ent- und Beladen des Schiffes*. Der oben citierte Sloman schildert, wie in alten Zeiten die Matrosen diese Arbeit besorgten.

Das hat lange aufgehört. Die „Schauerleute", (das Wort ist aus shoremen korrumpiert) übernehmen gleich nach der Ankunft des Schiffes die Entladung, sei es nun, daß der Hafen mechanische Hilfsmittel hat oder daß die alte Schiffstakel das Werk verrichtet. Sie nehmen die neue Ladung über, verstauen sie kunstgerecht und bringen auch neue Kohlen an Bord. Sie verstehen diese Arbeiten ungleich besser und schaffen weit mehr als die Seeleute. — Die Kontrolle über die an Land gehende und die an Bord gehende Ladung übernehmen die Untersteuerleute und zwar unter verantwortlicher Haftung.

Der eigentliche Seemann wird auch heute nur an Bord des Segelschiffes herangebildet. Hier tritt er als Schiffsjunge ein, hier lernt er die gewöhnlichen Hantierungen, Segel ansetzen, reffen, einholen; Anker loslassen und hieven; die Segel in den richtigen Winkel stellen; am Ruder das Schiff im vorgeschriebenen Kurse halten u. s. w. u. s. w. Er macht seinen Aufstieg zum Leichtmatrosen und Matrosen durch. Eine kleine Aristokratie ragt noch aus der Menge der Matrosen hervor: der Segelmacher, der Koch, der Bootsmann, und vor allem der Zimmermann. Die Stufe, um die diese höher stehen, ist gering. Sie haben dieselbe Kost wie die Matrosen und schlafen mit ihnen im Volkslogis. Das wichtigste ist, daß sie alle Matrosenbildung haben und alle Matrosenarbeit mitmachen müssen. Nur diejenigen unter den Mannschaften, die die Navigationsschulen besuchen wollen, also nur zeitweilig unter den Matrosen weilen, wollen höher hinaus. Für die übrige Mannschaft ist Bootsmann oder Zimmermann die höchste erreichbare Staffel. Andere Mannschaften als diese braucht das Segelschiff nicht, höchstens den Steward, und auch dieser wird gleichsam von selbst zum Seemann.

Ganz anders das Dampfschiff. Es kann zwar eines Stammes eigentlicher Seeleute nicht entbehren. Allein deren Hauptfunktionen, die Behandlung der Segel, fallen doch zum größten Teile weg. Statt dessen treten ganz andere Gruppen von Mannschaften auf: die Maschinisten, Heizer und Kohlenzieher und die Stewards. Auf dem Frachtdampfer, der keine Passagiere befördert, braucht man nur einen Steward. Auf Passagierdampfern wächst mit der Zahl der Passagiere und ihren Ansprüchen an Bedienung die Zahl der Stewards, so daß diese einen sehr erheblichen Teil der Besatzung bilden.

Leider ermittelt nirgends die Statistik, wieviel Mann der Besatzung auf die einzelnen Mannschaftsgattungen entfallen [1]. Einen ungefähren

[1] Siehe auch Anm. S. 108.

Überblick kann man jedoch aus der Statistik der Anmusterungen vor den Seemannsämtern zu Hamburg und Bremen entnehmen. Dabei ist jedoch festzuhalten: 1. daß infolge des hier überwiegenden Passagierdienstes die Zahl der Aufwärter und Ärzte, infolge der vielen Schnelldampfer die der Maschinisten und Heizer unverhältnismäßig groß ist; 2. daß dieselben Personen sehr wohl mehrmals in einem Jahre angemustert sein können. Anmusterungen fanden statt in Hamburg 1900 für 2625 Schiffe 50574 Personen. Davon:

eigentliche Seeleute:		nicht eigentliche Seeleute:	
Steuerleute	3 201	Ärzte	322
Zimmerleute	1 124	Köche u. Bäcker [1]	3 433
Bootsleute	1 458	Stewards und Stewardesses	6 565
Segelmacher	86	Maschinisten und Assistenten	4 485
Matrosen	9 046	Feuerleute	15 419
Leichtmatrosen	2 471	Diverse	1 049
Jungen	1 456		
Quartermasters	231		
Verwalter	228		
Zusammen	19 301	Zusammen	31 273.

Von der Gesamtzahl der angemusterten Leute entfielen auf Dampfschiffe 47829 Personen, auf Segler nur 2745.

Bremen 1900 1582 Schiffe, 25847 Personen. Davon

eigentliche Seeleute:		nicht eigentliche Seeleute:	
Steuerleute	973	Köche [1]	1 013
Bootsleute	620	Aufwärter	6 336
Zimmerleute	432	Aufwärterinnen	359
Matrosen, Segelmacher	4 704	Proviant- und Zahlmeister	199
Leichtmatrosen	1 123	Ärzte	200
Jungen	841	Maschinisten	1 702
		Heizer	4 260
		Kohlenzieher	3 085
Zusammen	8 693	Zusammen	17 154.

Davon für Dampfschiffe 24081, für Segelschiffe 1766 Personen.

Welche Bevölkerungsschichten, welche Gegenden sind früher und jetzt das Rekrutierungsgebiet der seemännischen Bevölkerung?

[1] Segelschiffsköche sind eigentliche Seeleute. Bei den Dampfen überwiegen dagegen die nicht seemännischen Köche weitaus.

Darin hat sich ein erheblicher Wandel vollzogen. Etwa bis 1870 hin lieferten die Küstengegenden weitaus die meisten Seeleute, während das Binnenland seine Söhne wenig für die Seeschiffahrt bestimmte. Und zwar waren es neben den kleinen Hafenstädten auch vor allem bäuerliche Kreise, denen die Seeleute entstammen. In den kleinen Hafenstädten, die übrigens früher meist ein sehr beschauliches Dasein führten, lenkt sich die Aufmerksamkeit des heranwachsenden Knaben, oder des Vaters, der die Berufswahl für seinen Sohn zu treffen hat, von selbst auf die Seefahrt. Bezeichnend dafür ist, daß das kleine Weseruferstädtchen Vegesack, das 1875 3800 Einwohner zählte, damals der bremischen Flotte 155 Seeleute lieferte, Bremen selbst mit 104000 Einwohnern dagegen nur 226. Für Hamburger und Bremer erschien der seemännische Beruf damals wenig verlockend. — An der ganzen Nordsee bis gegen das südliche Hannover hin ist die Bevölkerung bäuerlich. Das Rittergut mit seinem Herrn und den Tagelöhnern kommt dort kaum vor. Überall herrschte seit altersher das Anerbenrecht, später und noch heute die Höferolle. Die Höfe wurden dadurch zusammengehalten, die Kinder mit Ausnahme des Anerben stark benachteiligt. Die übrigen Söhne waren nun in der Notlage, einen eigenen Broterwerb zu suchen, und wandten sich in Menge der Seeschiffahrt und dem Walfischfang zu. Reiche Bauern ließen solche Söhne auf die Navigationsschule gehen, kleinere Leute begnügten sich mit dem Beruf des Matrosen. Diese letzteren verdienten sich im Alter von 15—35 Jahren, auch wohl noch länger hin etwas Bargeld, um damit später einen kleinen Grundbesitz, eine Mühle, eine Dorfschenke zu kaufen, auch wohl um ein dörfliches oder kleinstädtisches Gewerbe anzufangen, das nicht gerade eine hohe Fachbildung voraussetzt. Zuweilen mag die Hoffnung, durch Heirat mit einer Erbtochter, sich „eine Bauernstelle zu befreien" (anzuheiraten), mitwirkend gewesen sein. Die jungen Seeleute waren etliche Monate abwesend, manchmal auch Jahre, kehrten heim, besuchten ihre Eltern und gingen wieder fort. Viel kam es vor, daß sie aus Anhänglichkeit an den Kapitän für viele Reisen immer wieder auf demselben Schiff Engagement nahmen. Manchmal heirateten sie auch schon in jungen Jahren, ließen die Frau daheim bei ihren Eltern oder kauften ein kleines Häuschen mit wenigen Morgen Land, das die Frau bewirtschaftete, während der Mann nach New-York oder Rangun fuhr oder in der Behring-Straße Robben schlug. Mitunter schickte er ihr von seinem Lohn eine Vorschuß-Anweisung, vom Kapitän auf die Reederei ausgestellt. Im fremden Hafen gab er wenig Geld aus. Dauerte die Reise 6 Monate und betrug die Monatsheuer 45 Mark, so brachte der

Matrose einschließlich der empfangenen Vorschüsse sicher 250 Mark mit heim. Reichtümer konnten auf diese Weise nicht erworben werden, aber da unterdessen der Mann für Wohnung und Kost nichts auszugeben hatte, da die Frau für ihren Unterhalt ungefähr selbst sorgte, so kamen Ersparnisse zustande, die bei fortdauerndem Fleiß den Grund zu einem bescheidenen Wohlstand legten. Ganze Dörfer widmeten sich vorwiegend dem seemännischen Beruf, so z. B. Ganderkesee im Oldenburgischen und die hannoverschen Geestdörfer rechts der Weser und links der Elbe. Schon von weitem konnte man den Häuschen ansehen, wenn sie von Seeleuten bewohnt waren. Thüren, Fenster und Fensterläden waren in grüner Ölfarbe gehalten und häufig wurde der Anstrich erneuert. 1876 lieferte von den 4090 Mann Besatzung, die die bremische Handelsflotte zählte, der bremische Staat nur 627 Mann, das Großherzogtum Oldenburg dagegen 758, also fast den fünften Teil; Preußen (zur Hauptsache wohl Hannover) 1881 oder nahezu die Hälfte; das übrige Deutschland nur 329, das Reichsausland 495.

Diese Verhältnisse existieren beinahe nicht mehr. Mir erzählte ein Kapitän, der jetzt 65 Jahre zählen mag: „Als ich in Vegesack die Schule verließ, fragte der Lehrer uns, was wir werden wollten; und alle antworteten wir stolz: wir wollen zur See; nur einer ergriff einen anderen Beruf; auf den sahen wir alle mit Verachtung herab. Im Jahre 1900 fragte der Vegesacker Lehrer abermals seine Zöglinge nach ihrem zukünftigen Beruf: nur noch einer wollte Schiffer werden.“ Das darf allerdings nicht generalisiert werden, denn, wie ich weiterhin zu zeigen habe, gehören noch viele Bremer dem Seemannsberuf an. Der Kapitän erzählt weiter: „Die Reichhaltigkeit und Sauberkeit unserer Schiffskisten war unser Stolz; wenn wir als Matrosen an Bord kamen, wurden wir von eigenem Eifer getrieben, den Steuerleuten, dem Zimmermann, dem Segelmacher zu helfen. Es war ein kleines Fest, wenn es losging.“ Auch das ist anders geworden.

Die Industrie hat der Schiffahrt diese vortrefflichen Leute weggeholt und giebt ihnen reichlicheren Verdienst. Der Nachwuchs des Dorfes Ganderkesee wie der ganzen oldenburgischen Dörfer in der Nähe Bremens — ich schildere wieder die dortigen Verhältnisse, weil sie mir von Jugend her ganz genau bekannt sind — findet Engagement in den Spinnereien, Webereien, Linoleumfabriken u. s. w. von Delmenhorst. Statt dessen schickt heutzutage das Binnenland eine Menge von Leuten; sie kommen aus Gegenden, wo früher an die Seeschiffahrt nicht gedacht wurde.

Leider bricht die bremische Statistik, die die Herkunft der Besatzung der bremischen Flotte verzeichnet, mit dem Jahre 1885 ab. Es seien nur noch kurz die Daten von 1885 angeführt: Aus dem bremischen Staate 882, Oldenburg 696, Preußen 3069, das übrige Deutschland 526, das Ausland 655.

Die tiefgehende Änderung der früheren Verhältnisse kann hier nur angedeutet werden. Die gegenwärtigen Lebensverhältnisse der in der Seeschiffahrt thätigen Personen soll der Gegenstand der bevorstehenden Untersuchung sein. Es sähe wie ein Versuch aus, ihr vorzugreifen, wenn ich näher auf den jetzigen Stand der Dinge eingreifen wollte, soweit mir dieser bekannt ist. Nur ganz wenige Bemerkungen mögen hier Platz finden. Die höchst schätzenswerte Verbindung zwischen dem Bauernstande und dem Seemannsberuf ist geschwunden, die gemütlichen Beziehungen zwischen dem Kapitän und dem Jungen, Leichtmatrosen und Matrosen mit ihnen. Der Kapitän eines großen Passagierdampfers kennt wahrscheinlich gar nicht mehr alle seine Leute. Die Heizer und Kohlenzieher sieht er selten. Sind sie gar nur eine oder wenige Reisen an Bord, so bleiben sie ihm fremd. Natürlich kommen treue Dienste auch heute noch vor. Im ganzen aber ist die seemännische Arbeiterschaft einschließlich des Maschinenpersonals und der Aufwärter viel fluktuierender geworden. Nicht so groß wie es zeitweilig wohl schien, ist die Internationalität geworden. Dagegen kommt es häufig vor, daß die Seeleute ganz ausgeplündert und fast ohne andere Kleidung, als die sie auf dem Leibe tragen, an Bord kommen. Kommt dann ein Witterungswechsel zur Kälte oder der Eintritt in eine kalte Region, so sind die Leute außer stande, Dienst zu thun. Sie bleiben „krank" in der Koje. Mancher verständige Kapitän versieht sich daher mit warmen Unter- und Oberanzügen, um sie der Mannschaft zu überlassen. Ungleich größere Tragweite haben die Folgen des Kontraktbruchs, der Desertion. Im fremden Hafen geht der Seemann, vielleicht nach langer Seefahrt, an Land. Der Augenblick, wo mit einem Mal wieder alle die bedenklichen „Genüsse" des Hafenlebens locken, ist ein kritischer. Im Rausch versäumt der Seemann zuweilen die rechtzeitige Rückkehr an Bord; er fürchtet Strafe oder das Schiff ist gar schon fort. Oder er wird — nüchtern oder trunken — von den Werbern eines anderen Schiffes verführt, in ein anderes, vermeintlich besser lohnendes Engagement einzutreten und wird nun seinem Schiffe untreu. Nun ist ihm die Rückkehr in die Heimat verleidet, denn dort harrt seiner eine gerichtliche Bestrafung. Jetzt haben ihn ausländische Schlaf- und Heuerbaase in ihren Krallen. (Ich will natürlich nicht alle Leute dieser Berufe verdammen, noch weniger ohne Prozeß, am wenigsten die deutschen, aber daß es gewissenlose Ausbeuter im Auslande giebt, wird niemand bestreiten). Sie behalten ihn so lange bei sich, bis er für Zeche und Logis gehörig im Vorschuß ist, dann erst erhält er ein neues Engagement; die vorgeschossene Monatsheuer geht an den Schlafbaas. Dessen „Geschäftsfreunde" harren bei Abmusterung des Seemanns schon seiner und legen Beschlag auf den verdienten Lohn, nehmen auch den Mann aufs neue in ihre liebevollen Arme, bis das Opfer so weit ist, daß es wieder an Bord muß. Aus diesen Fesseln sich wieder loszureißen, ist manchem braven Seemann schwer, der zu spät bereut, daß er sich zum Kontraktbruch, zur Desertion verleiten ließ.

Auch die socialen Kämpfe der Gegenwart haben einen beträchtlichen Einfluß auf die Beziehungen zwischen den Seeleuten einerseits und den Reedern und Schiffsoffizieren andererseits ausgeübt. Die großen Streiks in England, in Hamburg, neuerdings in Genua und Marseille sind Erzeugnis der veränderten socialen Anschauungen und zugleich Ursache der Ausbreitung der letzteren. So überaus bedeutungsvoll sie für das vom Verein für Socialpolitik zu bearbeitende Gesamtthema sind, so würde ein näheres Eingehen auf sie den Rahmen dieser Skizze durchbrechen.

Vor der Einigung Deutschlands beruhte die Arbeitsverfassung an Bord des Schiffes auf zerstreuten Gesetzen und Verordnungen der einzelnen Uferstaaten und auf Herkommen. Mit der deutschen Seemannsordnung vom 27. Dezember 1872 wurde der erste gemeinsame, umfassende und rechtsklare Boden geschaffen. Augenblicklich sind die gesetzgebenden Faktoren des Reiches mit einer Reform beschäftigt: sie ist im Sommer 1901 in langen Kommissionsberatungen weit gefördert, jedoch durch die Vertagung des Reichstags unterbrochen, und beschäftigt gegenwärtig wieder das Parlament.

Wieviel Ausländer unter der regelmäßigen Besatzung sind, läßt sich nicht angeben. Angemustert wurden in Hamburg unter 50574 Personen 1959 Ausländer, und zwar von 22 verschiedenen Ländern, darunter 189 Amerikaner, 28 Araber, 36 Chinesen, 349 Dänen, 21 Engländer, 124 Holländer, 6 Japaner, 92 Indier, 168 Norweger, 239 Österreicher, 179 Russen, 324 Schweden, 127 Schweizer.

Erlaubnis zur Anmusterung für nichtdeutsche Schiffe wurde in Hamburg 2333 deutschen Seeleuten erteilt.

Bremen verzeichnet viel dürftiger, daß unter den 25847 Personen 3096 Bremer, 21961 sonstige Deutsche und 790 Ausländer waren.

Die Nachmusterungen im Auslande sind natürlich nicht mit einbegriffen.

An Desertionsfällen gelangten 1014 zur Kenntnis des Hamburger, 1413 zur Kenntnis des Bremer Seeamts. Von letzteren betrafen 66 Fälle Bremer, 1281 sonstige Deutsche und 66 Ausländer.

Bremen verzeichnet noch das Alter der angemusterten Leute:

Von	14—20 Jahren	4 118	Personen,
"	20—30 "	13 648	"
"	30—40 "	5 682	"
"	40—50 "	544	"
		25 847	Personen.

Sterbefälle kamen zur Kenntnis: in Hamburg 355, davon durch Selbstmord 27, in Bremen 220, davon durch Selbstmord 5.

Heimschaffung Hilfsbedürftiger: Hamburg 144, Bremen 43.

Die Gesamtzahl der tödlichen Verunglückungen habe ich im 3. Kapitel Seite 91 angegeben.

Seeleute werden von den Seeämtern „angemustert", d. h. in die Musterrolle aufgenommen, ihr Engagement wird amtlich festgestellt. Nach vollendeter Reise, nach abgelaufenem Engagement werden sie von den Seeämtern „abgemustert". Bei keiner Kategorie von Lohnempfängern kennt man die Lohnhöhe oder Monatsheuer so genau wie bei ihnen. Allein man kennt sie amtlich nur für die Zeit des Engagements. Keine Statistik sagt uns, wieviel Tage im Jahre durchschnittlich die Seeleute engagiert sind und wie lange sie verdienstlos am Lande leben; mithin wissen wir wenig von ihrem Jahreseinkommen. Der Gage oder Heuer ist hinzuzufügen die vom Schiff unentgeltlich gelieferte Kost und die freie Behandlung in Krankheitsfällen nebst freien Medikamenten sowie unter Umständen die Aufnahme ins Krankenhaus im Auslande. Das Schiff haftet für 3 Krankheitsmonate im Inlande und für 6 Monate im Auslande.

Außer diesen von der Natur gegebenen Unklarheiten begegnen uns bei der Statistik der von den Seeämtern — übrigens nur für Matrosen und Schiffsjungen — ermittelten Monatsheuer noch offenbare Rätsel. Daß der Verdienst der Seeleute in der Ostseereederei niedriger ist als in der der Nordsee, wird niemand überraschen. Daß er zwischen Hamburg und Bremen gelegentlich bis zu 9 % differiert, während doch die Seeleute beständig von der einen Hafenstadt nach der anderen hinüber fluten, bezw. von den beiderseitigen Heuerbaasen herübergeholt werden, ist schon auffallender. Mehr noch, wenn man sieht, daß im Jahre 1893 die Monatsheuer für Vollmatrosen in Hamburg 55,78 Mk., in Bremen dagegen 53,88 Mk. betragen haben soll, während sich im nächsten Jahre

(1894) das Verhältnis so geändert haben soll, daß Hamburg nur 50,53, Bremen dagegen 55,12 Mk. zahlte und letzteres Verhältnis die beiden folgenden Jahre noch andauerte. In Hamburg sank die Heuer um 9,4 % in Bremen stieg sie um 2,3 %. Es ist schwer einzusehen, daß das Cholerajahr (1892) einen solchen Einfluß ausgeübt haben sollte, zumal der Unterschied erst 1894 hervortrat und bis Ende 1896 fast unvermittelt angedauert haben soll. Noch schwerer ist zu begreifen, daß in Hannover, Oldenburg und den Rheinhäfen die Heuer 1895 und 1896 10—11 1/2 Mk. höher gewesen sein soll als in Hamburg und in den letzten 3 Jahren noch 5—9 Mk. höher als in Hamburg und Bremen. Die Aufklärung dieser auffälligen amtlichen Angaben wird Sache der Einzeluntersuchung sein.

Ich kann hier nur kurz die Monatsheuern nach den von den Seeämtern gemachten Angaben für die sieben Einzelreviere des deutschen Küstengebiets und nach den vom kaiserl. statist. Amt berechneten Durchschnitten anführen.

Darnach beträgt dieselbe:

	bei freier Beköstigung		bei Selbstbeköstigung	
	für Vollmatrosen ℳ	für Schiffsjungen ℳ	für Vollmatrosen ℳ	für Schiffsjungen ℳ
1874/75	57,93	19,55	80,48	—
1876/80	50,27	17,20	87,35	—
1881	43,13	14,71	97,36	46,80
1882	45,13	15,37	72,94	40,00
1883	47,74	16,02	73,89	42,00
1884	47,61	15,76	74,47	45,00
1885	46,63	14,75	75,99	36,60
1886	45,01	14,10	74,44	46,83
1887	44,30	14,25	72,99	45,—
1888	46,53	15,26	77,35	38,67
1889	53,87	15,97	76,36	43,50
1890	56,49	16,91	72,88	50,13
1891	56,81	16,64	73,89	48,00
1892	55,48	15,41	75,29	42,25
1893	53,70	14,50	76,44	45,14
1894	51,16	14,13	75,73	49,75
1895	51,47	13,98	74,81	41,50
1896	51,74	13,69	69,17	55,—
1897	54,03	14,91	74,16	46,66
1898	56,52	14,49	76,23	43,05
1899	57,70	14,53	80,37	49,54

Die Selbstbeköstigung spielt im ganzen nur eine geringe Rolle; indes nimmt sie doch zu. Vor 1890 wurden selten mehr als 100 Vollmatrosen auf diese Weise angemustert; allmählich ist die Zahl auf 430 gestiegen, vermutlich bei Schiffen auf ganz kurze Reisen wie nach den Seebädern, Kiel-Korsör u. dergl.

Noch ist der Unterschied zwischen Nordsee und Ostsee zu erwähnen. Ich vereinfache die Sache durch folgende Durchschnittsermittlung für Vollmatrosen

	Ostsee	Nordsee
1876/80	46,92 Mk.,	51,88 Mk.,
1881/90	42,77 "	49,50 "
1891/99	49,01 "	56,18 "

Der Unterschied ist also um ein geringes gewachsen.

Über die Zahl der beschäftigten Kulis giebt die mir zugängliche Statistik keinen nennenswerten Aufschluß; auch die Angaben des Hamburger Seemannsamtes sind nicht entfernt ausreichend. Wie viele Kulis etwa im Auslande an- und abgemustert werden, bedarf der Klarheit. Sie kommen wohl nur an Bord der Tropenschiffe vor und nehmen hier als Heizer und Kohlenzieher den Weißen eine Arbeit ab, die diese nur schwer leisten können. Läge sie der weißen Besatzung ob, so würden deren Klagen sicherlich viel lauter sein als heute über die Konkurrenz der farbigen Heizer und Kohlenzieher.

Interessante Aufschlüsse giebt der Jahresbericht der deutschen Seeberufsgenossenschaft. Sie mögen hier auf einmal zusammengefaßt werden. Die Zahl der eingetragenen Schiffe ist ansehnlich größer als nach der auf Seite 85 mitgeteilten Veritas-Statistik. Jene umfaßt auch die Segler unter 50 und die Dampfer unter 100 Tonnen, die bei den Veritaszahlen fehlen. Es waren eingetragen:

	Kauffahrteischiffe				Hochseefischer			
	hölzerne Segler	eiserne Segler	Dampfer	zusammen Schiffe	hölzerne Segler	eiserne Segler	Dampfer	zusammen Schiffe
1. Jan. 1888	2332	174	683	3189	—	—	—	—
1. " 1889	2132	196	721	3049	—	—	—	—
1. " 1890	2069	227	813	3109	—	—	—	—
1. " 1891	2003	251	879	3133	—	—	—	—
1. " 1892	1885	278	876	3039	—	—	—	—
1. " 1893	1780	333	888	3001	—	—	—	—
1. " 1894	1677	338	911	2926	—	—	—	—
1. " 1895	1547	351	926	2824	—	—	—	—
1. " 1896	1402	344	933	2679	—	—	93	93
1. " 1897	1358	348	981	2687	58	16	105	179
1. " 1898	1285	343	1003	2631	60	21	120	201
1. " 1899	1208	378	1041	2627	59	25	124	208
1. " 1900	1139	396	1107	2642	70	28	127	225
1. " 1901	1082	409	1208	2699	82	28	122	232

Verloren und verschollen waren im Jahre 1900 22 hölzerne und 15 eiserne Segler, 15 Dampfer und 6 Fischdampfer; zusammen 58 Schiffe. — Nach dem Auslande verkauft 30 hölzerne, 15 eiserne Segler, 20 Dampfer und 1 Fischdampfer, zusammen 66 Schiffe. Endlich abgewrackt, kondemniert, aus der Versicherungspflicht ausgeschieden 36 hölzerne, 3 eiserne Segler, 9 Dampfer, 1 eisernes Segelfischerfahrzeug, und 1 Fischdampfer, zusammen 49 Schiffe. Gesamtabgang 115 Schiffe. — Der Zugang (worüber a. a. O. Einzelheiten) betrug: neu gebaut in Deutschland 93, im Auslande gebaut 43 Schiffe; vom Auslande gekauft 104 Schiffe, von der Binnenschiffahrt zur Seeschiffahrt übergegangen (Seeleichter und hölzerne Segelfischfahrzeuge) 20 Schiffe.

Die Zahl der versicherten Personen ist um ca. 3700 höher als die im Kapitel 3 nach der amtlichen Reichsstatistik angegebene Besatzungsziffer. Die Zahlen sind nicht vergleichbar, weil hier viele Kapitäne ausgeschlossen sind, die dort einbegriffen sind, wogegen in der Berufsgenossenschaft viel Hafenpersonal, (Bootführer, Kontoristen u. dergl.) mit umfaßt sind. Immerhin ist das Ergebnis interessant:

1900. Sektion	Versicherungspflichtige		Freiwillige Versicherung		Jahresarbeitsverdienst zusammen	Ab für Verkauf, Verlust, Stilliegen zc. zu vergütende Beträge	Anzahl aller Versicherten	Anrechnungsfähiger Jahresarbeitsverdienst	Beitrag pro 1900	
	Zahl	Arbeitsverdienst	Zahl	Arbeitsverdienst						
		ℳ		ℳ	ℳ	ℳ		ℳ	ℳ	₰
I (Papenburg)	2 499	1 681 048	150	150 801	1 831 849	501 786	2 649	1 330 063	34 847	45
II (Bremen)	18 838	12 659 607	80	112 655	12 772 262	1 772 813	18 918	10 999 449	279 385	96
III (Hamburg)	23 324	17 223 803	174	217 272	17 441 075	2 492 987	23 498	14 948 088	381 176	71
IV (Kiel)	3 698	2 916 358	79	87 204	3 003 562	475 497	3 777	2 528 065	66 235	35
V (Stettin)	3 126	2 472 003	94	114 386	2 586 389	606 735	3 220	1 979 654	53 252	71
VI (Danzig)	1 170	907 544	4	5 334	912 878	132 149	1 174	780 729	21 235	89
Zusammen	52 655	37 860 363	581	687 652	38 548 015	5 981 967	53 236	32 566 048	836 134	07

Die Beiträge beliefen sich auf durchschnittlich 2,57 Pfennig pro Mark Heuer vom anrechnungsfähigen Jahresverdienst oder auf 15,71 Mk. pro Kopf.

Unfälle wurden in den Jahren 1888 bis 1900 gemeldet:

(Siehe die Tabelle S. 122.)

Renten wurden gezahlt an 901 Witwen, 1396 Kinder, 217 Ascendenten, 1490 Verletzte. 3 Witwen, welche sich wiederverheirateten, erhielten die gesetzliche Abfindung mit zusammen 12 998 Mk.; ebenfalls wurden 10 Ausländer mit zusammen 5368,50 Mk. abgefunden.

Jahrgang	Auf Kauffahrteischiffen			In verwandten Betrieben			Auf Hochseefischern			Zusammen		
	Gemeldete Unfälle	Davon		Gemeldete Unfälle	Davon		Gemeldete Unfälle	Davon		Gemeldete Unfälle	Davon	
		Verletzungen	Todesfälle		Verletzungen	Todesfälle		Verletzungen	Todesfälle		Verletzungen	Todesfälle
1888	848	650	198	6	4	2	—	—	—	854	654	200
1889	1 349	902	447	3	1	2	—	—	—	1 352	903	449
1890	1 501	1 110	391	8	2	6	—	—	—	1 509	1 112	397
1891	1 873	1 441	432	2	2	—	—	—	—	1 875	1 443	432
1892	1 866	1 398	468	6	5	1	—	—	—	1 872	1 403	469
1893	2 062	1 571	491	5	5	—	—	—	—	2 067	1 576	491
1894	1 996	1 588	408	12	8	4	—	—	—	2 008	1 596	412
1895	2 140	1 570	570	8	6	2	37	23	14	2 185	1 599	586
1896	2 190	1 796	394	13	10	3	84	75	9	2 287	1 881	406
1897	2 264	1 927	337	7	7	—	105	100	5	2 376	2 034	342
1898	2 265	1 838	427	10	8	2	144	111	33	2 419	1 957	462
1899	2 473	2 077	396	11	11	—	110	85	25	2 594	2 173	421
1900	2 824	2 219	605	10	10	—	137	72	65	2 971	2 301	670
Zusammen	25 651	20 087	5564	101	79	22	617	466	151	26 369	20 632	5737

Durch die Unfälle der einzelnen Jahre wurde die Genossenschaft wie folgt belastet:

(Siehe die Tabelle S. 123.)

Die Genossenschaft hat demnach bis 31. Dezember 1900 an **Entschädigungen** gezahlt:

für Unfälle des Jahres 1888	235 151,96	Mk.
= = = = 1889	398 753,96	=
= = = = 1890	387 882,53	=
= = = = 1891	337 136,29	=
= = = = 1892	360 579,64	=
= = = = 1893	388 938,14	=
= = = = 1994	285 485,14	=
= = = = 1895	355 732,69	=
= = = = 1896	269 126,47	=
= = = = 1897	228 647,78	=
= = = = 1898	203 970,87	=
= = = = 1899	158 905,13	=
= = = = 1900	76 400,77	=
Zusammen	3 686 711,37	Mk.

Rechnungsjahr	Betrag der im Rechnungsjahr gezahlten Entschädigungen ℳ	Für Ansprüche aus dem Jahre												
		1888	1889	1890	1891	1892	1893	1894	1895	1896	1897	1898	1899	1900
		in Mark												
1888	10 402	10 402												
1889	66 289	37 394	28 894											
1890	105 222	27 090	50 608	27 523										
1891	150 540	23 508	41 652	58 065	27 314									
1892	194 697	20 122	40 165	45 633	54 148	34 628								
1893	225 179	17 136	37 453	37 175	41 476	58 001	33 936							
1894	276 454	16 402	33 080	34 771	39 544	47 780	72 562	32 313						
1895	317 722	16 056	31 994	33 667	33 444	43 804	54 110	58 587	46 056					
1896	356 602	14 278	30 468	31 481	31 282	37 352	51 596	49 575	76 481	34 086				
1897	410 899	13 857	29 531	32 046	30 018	36 873	46 439	39 603	66 109	76 497	39 922			
1898	459 271	13 274	26 817	28 320	26 967	36 163	45 085	37 918	60 279	61 433	78 518	44 493		
1899	521 850	12 530	25 011	26 691	27 066	33 283	44 384	33 266	55 091	51 032	59 457	92 054	61 980	
1900	501 579	13 098	23 077	32 505	25 872	32 692	40 821	34 220	51 714	46 076	50 749	67 422	96 925	76 400
Zusammen	3 686 711	235 151	398 753	387 882	337 136	360 579	388 938	285 485	355 732	269 126	228 647	203 970	158 905	76 400

Die Verwaltungskosten der Genossenschaft betrugen 1900 180 371 Mk. Der Reservefonds am Schlusse des Jahres 1899 1 575 761 Mk.

Einen weiteren wichtigen Einblick in die Lage der Seeleute gewährt der folgende Abschnitt aus dem Jahresbericht der Seeberufsgenossenschaft für 1900:

„Von einem überaus schweren Schicksalsschlage wurde die deutsche Handelsmarine am 30. Juni 1900 durch die bekannte Brandkatastrophe im Hafen von Hoboken betroffen, welche nicht weniger als 147 wackere, durch unerschrockene treueste Pflichterfüllung sich auszeichnende Seeleute als Opfer ihres Berufes dahingerafft und weitere 34 zum Teil schwer verletzt hat. Um nach Möglichkeit zur Linderung und Heilung der durch diese Katastrophe geschlagenen Wunden beizusteuern, hat der Genossenschaftsvorstand den hierbei Verunglückten bezw. ihren Hinterbliebenen bereits die erweiterten Wohlthaten des mit dem 1. Oktober 1900 in Kraft getretenen neuen See-Unfallversicherungsgesetzes zu Teil werden lassen. Als Opfer dieses Schicksalsschlages gelangten zur Entschädigung 45 Witwen, 86 Kinder und 7 Ascendenten und stellt sich die hierdurch unserer Genossenschaft erwachsene jährliche Belastung gegenwärtig auf 17 628,80 Mk. Außerdem sind zur Zeit an 3 Verletzte Renten im Jahresbetrage von 1195,35 Mk. zu zahlen.

„Das hervorragendste Ereignis des Berichtsjahres bildete das Zustandekommen des neuen See-Unfallversicherungsgesetzes vom 30. Juni 1900, dessen Wirksamkeit mit dem 1. Oktober 1900 begonnen hat. Über die finanzielle Tragweite dieses Gesetzes, welches eine auf 50 % sich stellende Mehrbelastung im Gefolge hat, haben wir den Mitgliedern der Genossenschaft bereits durch Rundschreiben vom 4. Oktober 1900 näheren Aufschluß erteilt. In dessen Ergänzung geben wir nachstehend nur noch eine Zusammenstellung, aus welcher die Verschiedenheit der einzelnen Renten, je nachdem deren Berechnung unter Zugrundelegung der Bestimmungen des alten oder des neuen Gesetzes sowie der verschiedenen in den Bekanntmachungen des Reichskanzlers vom 22. Dezember 1887, 22. August 1899 und 22. Dezember 1900 festgesetzten Durchschnittsheuern zu erfolgen hat, des näheren erhellt:

(Siehe die Tabellen S. 125 und 126.)

Soweit der Bericht der Seeberufsgenossenschaft.

Die Beschaffung des *Ersatzes an Bemannungspersonal der Seeschiffe* ist eine Frage von großer Tragweite, zumal der Bedarf der Kriegsmarine hierbei eine sehr große Rolle spielt. Hierbei ist dreierlei zu unterscheiden:

Klasse	Bezeichnung der zur Schiffsbesatzung gehörenden Personen.	Monatliche Heuer nach der Bekanntmachung des Herrn Reichskanzlers vom			Monatliche Renten für völlige Erwerbsunfähigkeit auf Grund des See-Unfallversicherungsgesetzes vom 13. Juli 1887. Bekanntmachung vom		Monatliche Renten für völlige Erwerbsunfähigkeit auf Grund des See-Unfallversicherungsgesetzes vom 30. Juni 1900. Bekanntmachung vom		
		22./12. 1887	22./8. 1899	22./12. 1900	22./12. 1887	22./8. 1899	22./12. 1887	22./8. 1899	22./12. 1900
		ℳ	ℳ	ℳ	ℳ	ℳ	ℳ	ℳ	ℳ
I a	Schiffer	300,—	335,—	335,—	81,50	81,50	111,15	111,15	111,15
I b	"	160,—	180,—	200,—	74,15	77,80	91,85	96 35	100,80
I c	"	120,—	135,—	135,—	67,45	70,30	83,70	87,20	87,60
I d	"	80,—	90,—	90,—	49,—	55,—	59,90	67,25	68,45
II a	Steuerleute.	160,—	180,—	190,—	74,15	77,80	91,85	96,35	98,80
II b	"	120,—	135,—	128,—	67,45	70,30	83,70	87,20	86,15
II c	"	90,—	100,—	100,—	54,—	60,—	66,—	73,35	74,60
II d	"	70,—	80,—	80,—	44,—	50,—	53,80	61,15	62,35
III a	Maschinisten	300,—	335,—	335,—	81,50	81,50	111,15	111,15	111,15
III b	"	160,—	180,—	200,—	74,15	77,80	91,85	96,35	100,80
III c	"	100,—	110,—	132,—	59,—	65,—	72,15	79,45	86,95
III d	"	80,—	90,—	106,—	49,—	55,—	59,90	67,25	78,25
IV	Bootsleute, Köche mittl. Ordnung 2c.	65,—	70,—	72,—	41,50	45,—	50,75	55,—	57,45
V	Heizer	50,—	55,—	62,—	34,—	37,50	41,60	45,85	51,35
VI	Matrosen, Segelmacher 2c. .	45,—	50,—	55,—	31,50	35,—	38,50	42,80	47,10
VII	Kohlenzieher, Trimmer. . .	40,—	45,—	54,—	29,—	32,50	35,45	39,75	46,45
VIII	Leichtmatrosen 2c.	30,—	34,—	32,—	24,—	27,—	29,35	33,—	33,—
IX	Schiffsjungen	15,—	17,—	16,—	16,50	18,50	20,20	22,65	23,25

Klasse	Bezeichnung der zur Schiffsbesatzung gehörenden Personen.	Monatliche Heuer nach der Bekanntmachung des Herrn Reichskanzlers vom 22./12. 1887	22./8. 1899	22./12. 1900	Monatliche Renten auf Grund des See-Unfallversicherungsgesetzes vom 13. Juli 1887. Bekanntmachung vom 22./12. 1887 Witwe	22./12. 1887 Kind	22./8. 1899 Witwe	22./8. 1899 Kind	Monatliche Renten auf Grund des See-Unfallversicherungsgesetzes vom 30. Juni 1900. Bekanntmachung vom 22./12. 1887 Witwe	22./12. 1887 Kind	22./8. 1899 Witwe	22./8. 1899 Kind	22./12. 1900 Witwe	22./12. 1900 Kind
		ℳ	ℳ	ℳ	ℳ	ℳ	ℳ	ℳ	ℳ	ℳ	ℳ	ℳ	ℳ	ℳ
Ia	Schiffer	300,—	335,—	335,—	24,45	18,35	24,45	18,35	33,35	33,35	33,35	33,35	33,35	33,35
Ib	"	160,—	180,—	200,—	21,35	16,—	22,35	16,75	27,55	27,55	28,90	28,90	30,25	30,25
Ic	"	120,—	135,—	135,—	18,—	13,50	20,10	15,10	25,10	25,10	26,15	26,15	26,30	26,30
Id	"	80,—	90,—	90,—	12,—	9,—	13,50	10,15	18,—	18,—	20,20	20,20	20,55	20,55
IIa	Steuerleute	160,—	180,—	190,—	21,35	16,—	22,35	16,75	27,55	27,55	28,90	28,90	29,65	29,65
IIb	"	120,—	135,—	128,—	18,—	13,50	20,10	15,10	25,10	25,10	26,15	26,15	25,85	25,85
IIc	"	90,—	100,—	100,—	13,50	10,15	15,—	11,25	19,80	19,80	22,—	22,—	22,40	22,40
IId	"	70,—	80,—	80,—	10,50	7,90	12,—	9,—	16,15	16,15	18,35	18,35	18,70	18,70
IIIa	Maschinisten	300,—	335,—	335,—	24,45	18,35	24,45	18,35	33,35	33,35	33,35	33,35	33,35	33,35
IIIb	"	160,—	180,—	200,—	21,35	16,—	22,35	16,75	27,55	27,55	28,90	28,90	30,25	30,25
IIIc	"	100,—	110,—	132,—	15,—	11,25	16,50	12,40	21,65	21,65	23,85	23,85	26,10	26,10
IIId	"	80,—	90,—	106,—	12,—	9,—	13,50	10,15	18,—	18,—	20,20	20,20	23,50	23,50
IV	Bootsleute, Köche mittlerer Ordnung zc.	65,—	70,—	72,—	9,75	7,35	10,50	7,90	15,25	15,25	16,50	16,50	17,25	17,25
V	Heizer	50,—	55,—	62,—	7,50	5,65	8,25	6,20	12,50	12,50	13,75	13,75	15,40	15,40
VI	Matrosen, Segelmacher zc.	45,—	50,—	55,—	6,75	5,10	7,50	5,65	11,55	11,55	12,85	12,85	14,15	14,15
VII	Kohlenzieher, Trimmer	40,—	45,—	54,—	6,—	4,50	6,75	5,10	10,65	10,65	11,95	11,95	13,95	13,95
VIII	Leichtmatrosen zc.	30,—	34,—	32,—	4,50	3,40	5,10	3,85	8,80	8,80	9,90	9,90	9,90	9,90
IX	Schiffsjungen	15,—	17,—	16,—	2,25	1,70	2,55	1,95	6,05	6,05	6,80	6,80	7,—	7,—

1. Der Ersatz an Seeoffizieren.

2. Der Ersatz an nautisch gebildetem Unterpersonal (Matrosen, Zimmerleuten, Segelmachern u. s. w.).

3. Der Ersatz an nicht nautisch gebildetem Personal (Maschinisten, Heizern, Kohlenziehern, Aufwärtern, Ärzten).

Hier können darüber nur einige Hauptpunkte berührt werden. Die Beschaffung des Nachwuchses an Seeoffizieren bereitet meines Wissens keine großen Schwierigkeiten. Die Laufbahn des Dampferkapitäns ist eine so günstige, daß sie viele junge, tüchtige Elemente anzieht. Die Vorbildung zum Matrosen auf Segelschiffen, dann auf den Navigationsschulen und endlich der Steuermannsdienst auf Segelschiffen, der auch dem Dampferkapitän eine notwendige Vorbedingung ist, hat auch für Segelschiffe das Gute, ihnen tüchtigstes Personal zu liefern, trotzdem sie selbst weniger günstige Aussichten bereiten können. Die großen Gesellschaften eröffnen die beste Karriere, zahlen etwas höhere Gage und suchen sich daher das beste Personal aus.

Die Maschinisten haben keine Aussicht auf Kapitänsstellungen und haben daher ein besseres Einkommen als die Nautiker, abgesehen von den am Gewinn beteiligten Kapitänen. Sie sind Techniker und stehen wesentlich auf dem Bildungsniveau und daher auch dem Einkommensstande der Maschinentechniker am Lande. Zu specieller Ausbildung von Seemaschinisten haben die technischen Lehranstalten in den Seestädten wohl besondere Kurse eingeführt.

Das Unterpersonal an Untermaschinisten und Heizern ist für den Seedienst unerheblich vorgebildet und kann daher ziemlich leicht aus den am Lande vorgefundenen entsprechenden Leuten ergänzt werden. Noch leichter ist das bei den Heizern und vollends den Kohlenziehern der Fall. Diese waren lange Zeit hindurch auf einer sehr niedrigen Stufe des Arbeiterstandes. Und oft genug ergriffen verkrachte Existenzen auch aus höheren Ständen ein Engagement als Kohlenzieher auf einem Dampfer als letztes Rettungsmittel, um aus der alten Welt nach Amerika zu kommen. Daß unter solchen Leuten ein hoher Prozentsatz von Desperados, Trunksüchtigen, Deliranten vorkommen mußte, liegt auf der Hand. Der plötzliche stramme Dienst in den heißen Maschinenräumen mußte manchen zum Selbstmord, zum raschen Sprung in die kühle Flut veranlassen. Ebenso spielen Hitzschlag und Herzschlag bei ihnen eine große Rolle. Die Einzeluntersuchung wird ermitteln, in wie weit sich diese Verhältnisse dadurch gebessert haben, daß die großen Reedereien derartige Elemente garnicht mehr anheuern, sondern nach ständigem, widerstandsfähigerem Personal fahnden.

Auch das Aufwärterpersonal rekrutiert sich aus den am Lande vorhandenen, nicht für den Seedienst fachmännisch vorgebildeten Kräften. Hervorzuheben ist, daß im Passagierdienst auf ein Stewardcorps geachtet wird, das einfache Orchestermusik ausführen kann.

Der ganze Schwerpunkt liegt im seemännischen Unterpersonal, da dieses einer ausgesprochen fachmännischen Vorbildung bedarf. Wir sahen im vorhergehenden Kapitel, daß bei den deutschen Seglern 1871 die Besatzung 34 739 Mann betrug, 1900 nur noch 13 845. Mit verschwindenden Ausnahmen sind dies sämtlich fachmännisch ausgebildete Seeleute gewesen. 21 000 Mann hat die Segelflotte verloren. In derselben Zeit ist die Dampferflotte von 4736 auf 31 027 Mann, also um 26 300 gewachsen. Unter diesen sind jedoch sehr viele Nichtnautiker. Könnte man — was indes zweifelhaft ist — die auf Seite 113 mitgeteilten Anmusterungen als maßgebend ansehen, so wären etwa zwei Drittel des Dampferpersonals nicht fachmännisch gebildet. Danach hätte die Dampferflotte heute nur 10—11 000 eigentliche Seeleute. Das Verhältnis hätte sich also etwa folgender Art gewandelt:

	Segelschiffsbesatzung	Dampfschiffsbesatzung Nautiker	Dampfschiffsbesatzung Nichtnautiker
1871	34 739	ca. 3000	ca. 1736
1900	13 845	„ 10—11 000	„ 20—21 000.

Ich wiederhole, daß die Rechnung unsicher ist. Immerhin kann man die Abnahme der Zahl der fachmännisch gebildeten Seeleute nicht bestreiten. Ein Rückgang derselben um etwa 10 000 Mann ist sehr bedeutungsvoll. — Wieviel Deutsche auf fremden, vor allem englischen Schiffen in Dienst stehen, ist unbekannt. Da aber das Hamburger Seemannsamt im Jahre 1900 2333 deutschen Seeleuten Erlaubnis zur Anmusterung auf fremden Schiffen erteilte, so kann ihre Zahl nicht klein sein.

Über heutige Besatzungsverhältnisse bei großen Dampfern machen die unter der Ägide der Hamburg-Amerika-Linie stehenden „Hamburger Beiträge" vom 5. Juni 1901 folgende zweifellos auf authentischen Informationen beruhende Mitteilungen:

„Sehen wir uns das größte der deutschen Schiffe an, den Hamburger Schnelldampfer „Deutschland", der in seinen Kajüten bis nahezu 800, im Zwischendeck gegen 300 Reisende über den Ozean befördert, außerdem eine umfangreiche Post und kleine Mengen hochwertiger Güter.

Er hat eine Besatzung von nicht weniger als 547 Mann. Dem Kapitän stehen 6 Schiffsoffiziere (ein I., drei II., ein III. und ein IV. Offizier) zur Seite und jeder Kapitän hat als IV. Offizier anfangen und die ganze Laufbahn, Stufe um Stufe aufrückend, praktisch durchmachen müssen. Ein Zahlmeister mit einem Assistenten und ein Verwalter führen die Verwaltung. Eigentliche Seeleute finden wir in verhältnismäßig bescheidener Zahl: 2 Bootsleute, 6 Quartermeister, 22 Vollmatrosen, 12 Leichtmatrosen, 6 Schiffsjungen. Nicht viel geringer an Zahl sind die Verpflegungsbeamten: 1 Oberkoch, 2 erste und 7 zweite Köche, 2 Dampfköche, 3 Konditoren, 4 Bäcker, 3 Schlachter, 16 Kochmaate, 16 Aufwäscher. Der Bedienung der Reisenden widmen sich unter Leitung von 3 Oberstewards, 1 Gepäckmeister und 3 Assistenten der Oberstewards, 123 Stewards, 4 Badestewards, 5 Pantrystewards, 10 Stewardessen und 4 Zwischendeckstewards; 7 besondere Telegraphenstewards erfordert der überallhin sich erstreckende komplizierte Ruf- und Signalapparat an Bord und 12 Musiker bilden die Schiffskapelle. Von Handwerkern sind weiterhin 1 Klempner, 1 Tischler, 2 Zimmerleute, 3 Küper, 3 Barbiere, und 1 Drucker auf dem Schiff thätig. Für das Wohlergehen des großen Gemeinwesens wichtig ist der Arzt, der zu den Schiffsoffizieren zählt und dem ein Arztgehilfe beigegeben ist. Im ganzen sind das 295 Personen.

„Ihnen steht als geschlossene Schar von 252 Mann das Maschinenpersonal gegenüber, das die stärksten Schiffsmaschinen der Welt, die mit 35 600 Pferdekräften arbeiten, so zu bewachen und zu bedienen hat, daß sie das mächtige Schiff sicher und ruhig mehr als 23 Seemeilen in der Stunde vorwärts treiben. Wir verzeichnen 1 Ingenieur, 1 Obermaschinisten, 1 ersten, 3 zweite, 7 dritte, 5 vierte Maschinisten, 4 Elektriker, 12 Assistenten, 12 Oberheizer, 2 Materialverwalter, 18 Schmierer, 84 Heizer, 96 Trimmer (Kohlenzieher), 6 Jungen.

„Das Bild der Bemannung ändert sich sofort, wenn wir anstatt eines Schnelldampfers ein Schiff nehmen, bei dem die Ladung die Hauptsache ist, das langsamer fährt und erheblich kleinere Maschinen hat, unter dessen Reisenden die Zwischendecker überwiegen, die bei Verteilung ihres einfachen Essens und bei Ordnung ihres Wohnraumes selbst mit zugreifen. Der Postdampfer „Graf Waldersee“ der Hamburg-Amerika-Linie ist einer der vier großen P-Dampfer der Linie, eines der geräumigsten Frachtschiffe Deutschlands; er nimmt 140 000 D.-C. Schwergut, außerdem 400 Reisende in den Kajüten und, wenn nötig, 2000 im Zwischendeck mit. Er hat 218 Mann Besatzung: 1 Kapitän, 5 Offiziere, 2 Ärzte, 1 Arztgehilfen, 2 Zahlmeister, 1 Barbier, 1 Küper, 2 Zimmerleute,

2 Bootsleute, 4 Quartermeister, 22 Matrosen, 3 Jungen, 19 Mann an den Kochtöpfen, 7 Aufwäscher, 89 Oberstewards, Stewards und Stewardessen, 8 Musiker, 12 Maschinisten und Assistenten und 37 Mann genügen hier für Bedienung der Maschine von 5500 Pferdekräften.

„Zu den größten deutschen Schiffen gehören auch die großen ostasiatischen Postdampfer, deren neuester, die „Kiautschou“ der Hamburg-Amerika-Linie, 259 Mann Besatzung hat. Sie trägt 10 000 Tonnen Schwergut, beherbergt etwa 430 Passagiere I. und II. Klasse und bis 830 Reisende in III. Klasse und im Zwischendeck. Ihre Maschine arbeitet mit 9000 Pferdekräften. Ihre Besatzung setzt sich ungefähr ebenso zusammen wie beim „Graf Waldersee“, nur finden wir mit Rücksicht auf die lange Fahrt in den Tropen als Heizer und Trimmer 57 Chinesen, die unter 3 chinesischen Oberheizern arbeiten und 2 Köche und 2 Jungen für sich haben. Eine Waschanstalt mit 6 chinesischen Waschleuten ist auf der langen Fahrt den Reisenden und Offizieren eine angenehme Beigabe.“

Die Kriegsmarine ist in einer anderen Lage als die Handelsflotte. Sie kann die dienstpflichtigen Mannschaften einreihen und fachmännisch möglichst ausbilden. In zwei Jahren macht sie indes aus zwanzigjährigen Leuten keine Matrosen und daher ist auch sie stets von einem Mangel an seemännischem Personal bedroht. Es sind daher seit längerer Zeit mancherlei Maßnahmen getroffen, um dem seemännischen Beruf einen höheren Reiz zu gewähren. Schon vor mehr als zwanzig Jahren hat das Reich der Heringsfischerei in Emden eine Unterstützung zugewandt und man hat sogar die Freude gehabt, daß diese Unternehmung recht gut rentabel wurde. Mehr indirekt befördert, hauptsächlich aber aus eigener Kraft emporgekommen sind die Hochseefischereien der Elbe und Weser.

Das ganze wichtige Gebiet der Seefischerei wird im Zusammenhange mit den Erhebungen des Vereins für Socialpolitik über die Lage der Seeleute von berufenster Seite eine eingehende Darstellung finden. Hier kann nur in aller Kürze die Lücke ausgefüllt werden, die in dieser Skizze entstände, wenn die Seefischerei unberücksichtigt bliebe. Die einst blühende Heringsfischerei war für Deutschland ganz erloschen. 1814 ging der letzte Emder Betrieb ein. 1872 wurde ein neuer Versuch gemacht, sie wieder ins Leben zu rufen, und zwar als Aktiengesellschaft. Diese hatte erst mit außerordentlichen Schwierigkeiten zu kämpfen und wäre ohne mehrmalige Unterstützung durch den preußischen Staat zu Grunde gegangen. Sie kam aber zu Gedeihen. Jetzt giebt es in Emden, das durchaus an der Spitze der deutschen Heringsfischerei steht, 65 Hochseefahrzeuge. Das erfolgreiche Vorgehen Emdens hatte zur Folge, daß sich auch in Elsfleth, Vegesack, Altona, Glückstadt Aktiengesellschaften der Heringsfischerei bildeten. 1898 wurde der gesamte Brutto-Erlös der deutschen Heringsfischerei auf 1723000 Mark angegeben. Diese wird bis jetzt noch ausschließlich mit Segelfahrzeugen (Loggern) betrieben. Erst ganz neuerdings kommen Heringsdampfer auf; Emden hat den Bau eines solchen in Auftrag gegeben. Der Hering wird gleich nach dem Fange gesalzen und in Fässer gepackt. Ein „Jager" holt den Loggern den Fang ab und bringt ihn nach Hause. Eben diese Thätigkeit fällt naturgemäß am ersten dem Dampfer zu.

Der Frischfischfang ist ein Betrieb völlig anderer Art. Er ist niemals ganz erloschen gewesen. Blankenese, Norderney, Helgoland, auch die kleineren Nordseeinseln haben mit ihren Schaluppen immerfort den Angelfang (Schellfisch, Kabeljau) und den Netzfang (Schollen, Steinbutt, Seezungen, auch Stör) betrieben. Ehe die Eisenbahnen den Fischereien mit Zulassung eines wohlfeilen, geordneten Eilbetriebes entgegenkamen, hatte der Frischfischfang nur in den nächsten Küstengegenden Absatz. Die erzielten Preise blieben niedrig, der Ausdehnung des Betriebes waren enge Grenzen gesetzt. Der Wert des jährlichen Fanges soll nicht über 250000 Mk. hinausgegangen sein. Das hat sich gründlich geändert, seitdem die Eisenbahnen durch höhere Rücksichten genötigt wurden, den Eilbetrieb aufzunehmen. Großartiger Verkehr mit dem Fang ist an der Weser- und Elbmündung entstanden. Vor allem seitdem das Problem der Dampffischerei gelöst ist. 1884 wurde der erste Fischdampfer in See gesandt, und zwar von Geestemünde. 1901 hatte Deutschland eine Fischdampferflotte von 130 Fahrzeugen. Diese sind ganz überwiegend an der Weser beheimatet. Nach dem Seefischerei-Almanach für 1902 lautet das Verzeichnis der Heimathäfen von 133 Fischdampfern, alphabetisch geordnet:

Altona	11	Geestemünde	38
Blankenese	2	Hamburg	8
Bremen	28	Memel	4
Bremerhaven	39	Rostock	1
Cranz a. d. Elbe	4	Wilhelmshaven	6
Cuxhaven	1	Vegesack	1
Emden	1		

Gegen Großbritannien, das 1899 1074 Seefischdampfer besaß, ist die Zahl immer noch klein.

Der Erlös auf den öffentlichen Versteigerungen in Hamburg, Altona,

Geestemünde und Bremerhaven an Frischfischen betrug 1898 8,2 Mill. Mk., 1899 9,6 Mill. Mk. Der Gesamtwert des deutschen Nordseefischfanges wird auf mindestens $11^1/_2$ Mill. Mk. geschätzt.

Die Hochseefischerei steht der ernsten Thatsache gegenüber, daß die Nordsee wegen übermäßigen Fischens bereits eine starke Abnahme ihres Fischreichtums fühlen läßt. Der Fischer muß immer entferntere Gründe aufsuchen. Die Dampfer gehen bereits bis nach der isländischen Küste und bringen von dort ihren Fang auf Eis nach der Weser- und Elbmündung. Darin liegt zum Teil ihre Überlegenheit gegenüber den Seglern, denn diese können solche Reisen nicht machen.

An der Ostsee ist keine Reform dieser Art eingetreten. Dort wird wenig Hochseefischerei, vorwiegend vielmehr Küstenfischerei betrieben, und zwar mit ganz beträchtlichem Personal.

Die amtliche Statistik des Deutschen Reichs verzeichnet für die Nordsee an Fischerei-Fahrzeugen:

	Segler	Dampfer	Zusammen Kubikmeter	Regelmäßige Besatzung Segler	Regelmäßige Besatzung Dampfer
1897	443	103	86 526	2227	1044
1898	446	117	94 888	2318	1185
1899	441	126	99 571	2337	1322

Der vom deutschen Seefischerei-Verein herausgegebene „Deutsche Seefischerei-Almanach für 1902" macht dagegen folgende Angaben für ganz Deutschland:

	Anzahl	Besatzung
Registrierte Segler	427	2593
" Segel-Fischhandelsfahrzeuge .	172	360
" Dampfer	130	1230
" Dampf-Fischhandelsfahrzeuge .	1	8
Zusammen	730	4191.

Außerdem waren an nicht registrierten See- und Küstenfahrzeugen vorhanden: 6 Dampfer mit 13 Mann Besatzung, 1150 gedeckte Fahrzeuge mit 2710 Mann, 973 halbgedeckte Segel-Fahrzeuge mit 2152 Mann und 15 220 offene Boote und Kähne mit 37 079 Mann, zusammen 17 349 Fahrzeuge mit 41 954 Mann Besatzung.

In der Ostsee wurden verzeichnet:

	Fahrzeuge: gedeckte, halbgedeckte Segler, offene Boote und Kähne	Gesamtstärke der Besatzung
Ostpreußen	4 666	13 226
Westpreußen	1 633	3 572
Pommern:		
R.-B. Köslin	742	2 085
" Stettin	3 322	7 327
" Stralsund . . .	794	1 898
Schleswig-Holstein (Ostküste)	1 551	3 783
Mecklenburg-Schwerin . . .	521	818
Lübeck	141	422
Zusammen	13 365	33 131.

Der Wert des Fanges auf der Ostsee wird (wohl unvollständig) auf 7,7 Mill. Mk. jährlich angegeben.

Die Fischerbevölkerung mit rund 68 000 Mann ist also rund um die Hälfte stärker als die Besatzung der Handelsflotte.

Für die Seehandelsflotte kommen die Küstenfischer als Besatzungsmannschaften unmittelbar wohl nicht in Frage. Sie sind keine ausgebildeten Nautiker, wenn auch ihr Nachwuchs, der sozusagen auf dem Wasser groß wird, ein ganz hervorragendes Rekrutierungspersonal der Seehandelsflotte abgiebt. Die Küstenfischer sind auch wohl ganz überwiegend nur im Nebenberuf Fischer.

Die Berufszählung liefert Daten, die von denen der Vereine ganz enorm abweichen.

Fischerei auf offener See und an den Küsten:

	Erwerbthätige	Dienende im häuslichen Dienst	Angehörige	In der Fischerei als Nebenberuf
Selbständige	6 801	400	20 813	1321
Betriebsbeamte	12	2	43	2
Aufsichtspersonal . . .	38	2	115	1
Kaufmännisches Personal	11	1	5	1
Im Beruf thätige Familienangehörige . .	1 005	—	60	453
Gesellen ꝛc.	1 617	14	1 534	148
Andere Hilfspersonen .	660	7	551	154
	10 144	426	23 121	2080
	Zusammen 33 691			

Die Gesamtzahl der den Beruf der See- und Küstenfischerei ausübenden Personen beträgt nur 12 224, also wenig mehr als den sechsten Teil der von den Vereinen bezeichneten Zahl. Manche Vermutung zur Lösung dieses Widerspruchs liegt nahe, doch kann hier nicht darauf eingegangen werden.

Die Beschaffung der Mannschaften für den Schiffsdienst in Krieg und Frieden ist oft so schwierig gewesen, daß staatsseitig Maßregeln zu diesem Zwecke getroffen wurden. Ihre höchste und brutalste Ausbildung hatten sie wohl in England zur Zeit der napoleonischen Kriege, als man die Matrosen wie Verbrecher aufspürte und mit Gewalt an Bord brachte. Lange Zeit brachte England Waisenknaben einfach an Bord von Schulschiffen und bildete sie ungefragt zu Seeleuten heran. In deutschen Staaten (z. B. in Bremen) bestand bis in die siebziger Jahre für die Schiffe der Zwang, eine ihrer Größe entsprechende Zahl von Schiffsjungen mitzunehmen, falls sich solche anboten. Diese Gesetze erloschen. Da Reeder und Kapitäne wenig Neigung hatten, Schiffsjungen mitzunehmen, weil sie wenig leisten und viel Mühe und Kosten verursachen, so wurde der Nachwuchs an eigentlichen Seeleuten (Matrosen u. s. w.) immer spärlicher. Abhilfe wurde immer notwendiger.

Unter dem Protektorat des damaligen Erbgroßherzogs, jetzigen Großherzogs von Oldenburg bildete sich 1900 der Deutsche Schulschiffsverein. Durch 17 Stiftungen gelangte er in den Besitz von 270 500 Mk., ferner zählte er 12 lebenslängliche Mitglieder mit Beiträgen zu 3000 Mk., endlich eine ganze Anzahl Mitglieder mit Beiträgen zu 200 Mk. Der Verein ließ bei J. C. Tecklenborg in Geestemünde das dreimastige Fregattschiff „Großherzogin Elisabeth", ein Schiff von 1530 Tonnen, erbauen, das im Mai 1901 in Dienst gestellt wurde. Sein Zweck war ursprünglich die Ausbildung von Schiffsjungen zu Leichtmatrosen. Mit 14—15 Jahren treten diese ein. Sie haben 250 Mk. Beitrag und 120 Mk. Kleidergeld zu zahlen und werden dafür so weit gebracht, daß sie als Leichtmatrosen Stellung nehmen können. Offiziere heranzubilden war nicht Zweck dieses Schiffes, doch fanden sich so viel junge Leute für die Offizierslaufbahn ein, die auf dem Schulschiff des Nordd. Lloyd nicht mehr hatten angenommen werden können, daß der Verein 32 von ihnen neben 118 als ersten Jahrgang der für die Matrosenlaufbahn bestimmten Schiffsjungen Aufnahme gewährte. Mit diesen und seiner eigentlichen Besatzung, worunter auch ein Arzt nicht fehlt, hat die „Großherzogin Elisabeth" Ende Mai 1901 von Elsfleth nach Swinemünde ihre erste Reise angetreten. Auf See finden die Schiffsjungen ihren Unterricht im praktischen Dienst durch die Offiziere und Matrosen.

Etwa ein Jahr früher setzte der Norddeutsche Lloyd ein eigenes Schulschiff in Betrieb, die angekaufte Bark „Albert Rickmers", die nach erfolgtem Umbau den Namen „Herzogin Sophie Charlotte" erhielt. Der Zweck dieses Schiffes ist gerade die Heranziehung von jungen Leuten zum späteren Dienst als Schiffsoffiziere. Daher wird nur eine verhältnismäßig kleine Zahl von Kadetten angenommen (45) und von diesen das Zeugnis zum einjährig-freiwilligen Dienst als Vorbedingung verlangt. Auch erhalten die jungen Leute durch einen an Bord befindlichen Navigationslehrer die praktische und theoretische Ausbildung, die ihrer Zukunft entspricht. Späterer Besuch auf einer Navigationsschule vollendet ihre Ausbildung zum Seeoffizier. Am 21. Mai 1900 hat das Schiff seine erste Reise um die Welt angetreten. Nach Jahresfrist soll ein zweites gleich starkes Kadettenkontingent eingestellt werden; ebenso nach Ablauf des zweiten Jahres. Am Ende des dritten Jahres hat der erste Jahrgang seine praktische und theoretische Vorbildung auf dem Schulschiff vollendet und die Zöglinge dieses Jahrgangs versehen dann ein Jahr lang an Bord eines Lloyddampfers den Dienst als Unter- bezw. Hilfsoffizier. Nach mehrmonatigem Besuch der Navigationsschule erhalten sie Anstellung als vierte Offiziere beim Lloyd.

Schon jetzt hat der Lloyd ein zweites, sehr großes Schulschiff bei der Rickmersschen Werft in Bremerhaven in Bau gegeben, das 4400 Tonnen messen soll.

In der karitativen Seite der Fürsorge für die Schiffahrt steht an erster Stelle die Deutsche Gesellschaft zur Rettung Schiffbrüchiger. Von jeher haben die Leiden Schiffbrüchiger, die zahlreichen Fälle ihres Unterganges und Todes die Gemüter lebhaft erregt, nicht nur der unmittelbar beteiligten, sondern auch weiterer Kreise. Von der Odyssee bis zur zeitgenössischen Dichtung und Beschreibung haben sie ein Publikum gefunden, das gespannten Ohres und teilnehmenden Herzens lauschte. Die Litteratur dieser Art hat das Mitgefühl auch des fernsten Binnenländers wachgerufen. Passagiere haben durch ihre Erzählungen die Unmittelbarkeit der Empfindungen gesteigert und die Hilfsbereitschaft gehoben. In alten Zeiten war dem Küstenbewohner das antreibende Strandgut ein willkommener Zuwachs zum Einkommen. An einzelnen Orten betete gar der Prediger regelmäßig am Sonntag in der Kirche: „und gieb uns einen gesegneten Strand", d. h. laß viele Schiffe an unserem Strande untergehen! Anderwärts trieb man es noch ärger. In stürmischen Nächten löschte man die richtigen Leuchtfeuer aus und zündete solche an falscher Stelle an, um Schiffe auf den Strand zu locken.

Das ist völlig ins Gegenteil umgeschlagen. Die Küstenbevölkerung beteiligt sich mit Hingebung, ja mit rührender Gefährdung des eigenen Lebens, an dem Rettungswerk. 1866 ist die Deutsche Gesellschaft zur Rettung Schiffbrüchiger in Bremen gegründet worden und seitdem ist hier immer ihr Sitz geblieben. Ihr Werk gilt nicht allein den deutschen Schiffen, sondern allen, die im Bereich unserer Küsten Not leiden. Über unsere Küsten hinaus kann sie ihre Thätigkeit nicht ausdehnen. Dafür treffen deutsche Schiffe an den Küsten vieler civilisierter Länder gleiche Vorkehrungen zur Rettung Schiffbrüchiger: ein wahres System internationaler Brüderlichkeit hat sich hier herausgebildet. Diese Internationalität zeigt sich in der warmen Unterstützung, die der Franzose Herr Emile Robin der Deutschen Gesellschaft zur Rettung Schiffbrüchiger widmet. Der letzte Jahresbericht für 1900/1901 sagt darüber: „Wiederum hat Herr Emile Robin sein warmes Interesse für unsere Gesellschaft durch eine neue Stiftung bethätigt. Nachdem er uns schon seit einer Reihe von Jahren ein Weihnachtsgeschenk von 200 Mk. für Hinterbliebene von im Rettungsdienst verunglückten Rettungsleuten überwiesen hatte, soll die neunte Emile Robinstiftung, die unser Ehrenmitglied im Dezember 1900 aussetzte, jenes Weihnachtsgeschenk dauernd sichern, indem von den Aufkünften des Stiftungskapitals von 6000 Mk. jährlich zu Weihnachten 200 Mk. an Bootsleute oder Frauen von Bootsleuten, die krank oder gebrechlich oder in Not sind, nach dem Ermessen des Vorstandes verteilt werden sollen.

Der Vorstand hat auch diese Stiftung mit herzlichem Dank an den Stifter angenommen."

Weiter entnehme ich dem Jahresbericht: „Die Zahl unserer Rettungsstationen beträgt 120 gegen 116 im Vorjahre. Davon befinden sich 76 an der Ostsee und 44 an der Nordsee. 54 sind Doppelstationen, ausgerüstet mit Boot und Raketenapparat; 50 Boots- und 16 Raketenstationen. Die neu errichteten Stationen sind die Doppelstationen Heiligenhaven im östlichen Holstein und Heiligendamm in Mecklenburg und die Bootsstationen Thiessow-West auf Rügen und Ruden auf der gleichnamigen südlich Rügen belegenen kleinen Insel.

„Unsere Gesamteinnahme belief sich auf 295 671,30 Mk. gegen 316 469,28 Mk. in 1899/1900. Die Jahresbeiträge betrugen von 53 490 Mitgliedern 150 006,53 Mk. gegen 151 383,70 Mk. von 53 896 Mitgliedern in 1899/1900. Die außerordentlichen Beiträge betrugen 68 348,30 Mk. gegen 102 353,37 Mk. in 1899/1900. Davon lieferten die Sammelschiffchen 22 290,01 Mk. gegen 23 583,09 Mk. in 1899/1900.

Die Gesamtausgabe belief sich auf 266 370,25 Mk. gegen 213 629,37 Mk. in 1899/1900.

„Der nach dem Beschlusse des Gesellschaftsausschusses im Jahre 1897 gebildete Unterstützungsfonds betrug am 31. März 112 195,25 Mk. Im Berichtsjahre sind aus diesem Fonds an sechs Vorleute, zwölf Bootsmänner und zwölf Witwen Unterstützungen von zusammen 3650 Mk. gezahlt worden."

An Stiftungsgeldern fielen der Gesellschaft im Jahre 1900/1901 36 845 Mk. zu gegen 65 230 Mk. im Vorjahre.

Dem vorigen Jahresbericht entnehme ich noch folgendes: „Nach den dem Vorstande seit dem Bestehen der Deutschen Gesellschaft (bis einschließlich 1898) zur Rettung Schiffbrüchiger zugegangenen Meldungen über Seeunfälle, sind an den deutschen Küsten 2434 Schiffe mit 13287 Personen verunglückt. Von diesen gefährdeten Personen sind nachweislich gerettet 12187, nachweislich umgekommen 1100. Es wurden gerettet durch Selbsthilfe 4817, durch Hilfe seitens anderer Schiffe 2629, durch Privathilfe vom Lande 2024 und durch Rettungsstationen unserer Gesellschaft 2717 Personen, davon 2314 durch Rettungsboote und 403 durch Raketenapparate. Infolge der Witterungsverhältnisse ist die Zahl der in den einzelnen Jahren in Seenot geratenen Schiffe und Personen naturgemäß eine sehr verschiedene. Die höchste Zahl zeigt das Jahr 1872 mit 129 Schiffen und 793 Personen, die niedrigste das Jahr 1886 mit 28 Schiffen und 148 Personen. Die größte Zahl der durch Rettungsstationen der Gesellschaft Geretteten zeigt das Jahr 1899/1900 mit 207 Personen, die kleinste das Jahr 1886 mit 10 Personen. Im Durchschnitt sind seit dem Bestehen der Deutschen Gesellschaft zur Rettung Schiffbrüchiger jährlich durch Schiffbrüche an den deutschen Küsten 391 Personen in Seenot geraten; davon sind durchschnittlich gerettet 358, umgekommen 32 Personen. Von den geretteten Personen wurden durchschnittlich 142 durch Selbsthilfe, 77 durch Hilfe seitens anderer Schiffe, 60 durch Privathilfe vom Lande und 80 durch Rettungsstationen unserer Gesellschaft gerettet. — Unter den 2434 verunglückten Schiffen befanden sich 1576 deutsche, 253 englische, 208 schwedische und norwegische, 159 niederländische, 106 dänische, 63 russische, 18 französische, 7 amerikanische, 5 spanische und portugiesische, 3 italienische, 1 österreichisches und 1 griechisches Schiff, während die Nationalität von 34 Schiffen nicht hat ermittelt werden können. Der Klasse nach verunglückten 938 Seeschiffe, 155 Dampfschiffe und 1341 Küstenfahrer. Von diesen Schiffen verunglückten in der Nordsee: 554 zwischen Ems und Weser, 234 zwischen

Weser und Elbe, 524 vor der Elbe und an der schleswig-holsteinischen Küste; in der Ostsee: 186 an der schleswig-holsteinischen Küste, 72 an der Küste von Mecklenburg, 311 an der Küste des Regierungsbezirks Stralsund, 263 an den Küsten der Regierungsbezirke Stettin und Köslin, 135 an der Küste des Regierungsbezirks Danzig und 155 an der Küste des Regierungsbezirks Königsberg."

Im Rechnungsjahre 1900/1901 sind an deutschen Küsten 23 Schiffe mit 172 Personen verunglückt, von diesen 163 gerettet und 9 ums Leben gekommen. Von den Geretteten verdanken 100 der Gesellschaft zur Rettung Schiffbrüchiger ihr Leben. Die Gesamtzahl der durch sie geretteten Personen ist damit auf 2817 gestiegen.

Ein anderer Punkt der karitativen Fürsorge für die Seeleute, der der Weiterentwicklung dringend bedürftig ist, besteht in der Errichtung von Seemannsheimen in den Hafenstädten. In keinem Beruf konzentrieren sich die Versuchungen so stark wie für den Seemann bei der Ankunft im Hafen. Zuweilen hat er eine Reise von 4—6 Monaten hinter sich, ohne an Land gekommen zu sein, ohne einen Trunk frischen Wassers genossen zu haben. Salzfleisch, trocknes Gemüse und Dauerbrot waren seine Hauptnahrung; das Schiff wurde ihm immer mehr zum Gefängnis. Mit einem Mal ist er im Hafen und zwar mit einem Beutel voll Geld, der um so schwerer ist, je länger die Entbehrungen dauerten. Überall bieten sich ihm Veranlassungen zu Vergnügen, selbst zu rohen Ausschweifungen dar. In vollen Zügen genießt er die Freiheit und nur zu leicht beraubt ihn die Trunkenheit des Urteils. Kommt er mit der Bezahlung einer Reihe von Champagnerflaschen davon, die er in lockerer Gesellschaft getrunken haben soll, und die ihm der Kneipwirt am anderen Morgen nach ausgeschlafenem Rausch zeigt, so ist das schon schlimm. Schlimmer ist der daran, dem auch noch die ganze Barschaft geraubt ist. Natürlich verfällt nicht jeder Seemann solcher Versuchung. Die oben gekennzeichneten Seeleute aus dem Bauernstande waren auch in dieser Beziehung vortreffliche Elemente, vor allem wenn sie liebe Familienverhältnisse daheim hatten. Die Abkürzung der Reisen durch die Dampfer verringert die Gefahren. Wer alle 14 Tage eine solche Ankunft im Hafen erlebt, stumpft gegen die Reizungen ab. Dennoch bleibt viel zu thun übrig, wenn man dem Seemann in jedem Hafen ein redliches Wirtshaus, ein anständiges Unterkommen, einen geistigen Halt geben will.

Schon vor vielen Jahrzehnten hat man sich an verschiedenen Orten bemüht, dem Seemann derartiges zu verschaffen. „Seemannsheime" wurden namentlich von kirchlich stark empfindender Seite gegründet, auch wohl mit einer religiösen Tendenz. Ich kann nicht übersehen, wieviel davon übrig geblieben ist. Zum Teil sind sie wieder eingegangen, weil solche Tendenz sich dem Besucher unangenehm bemerkbar machte. Auch war es wohl nicht immer leicht, die geeigneten Elemente als Hausväter und Hausmütter zu gewinnen. Mir ist ein Fall bekannt, daß die selbstlosen Unternehmer eines Seemannsheims im Zorn die Sache aufgaben, weil die Herbergsmutter des öfteren mit den Matrosen betrunken auf dem Gaststubensopha angetroffen war.

Nachdem man einige Jahrzehnte lang die Hände in den Schoß gelegt hatte, ist sie mit frischen Kräften wieder aufgenommen, sowohl in heimatlichen Häfen wie mit heimatlichen Kräften im Auslande; in letzterem Falle handelt es sich um deutsche Seemannsheime. Entsprechend dem stark gewachsenen Verkehr hat man weit größere Einrichtungen treffen müssen. Das Hauptaugenmerk ist darauf gerichtet worden, dem Seemann ein behagliches Heim zu schaffen, wo er ehrlich, anständig und wohlfeil behandelt wird. Völlereien können nicht geduldet werden, ebensowenig aber kann man Abstinenz oder auch nur „Temperenz" (im englischen Sinne) fördern wollen. Dagegen wird für Zeitungen und sonstige Lektüre nebst Gelegenheit zum Briefschreiben gesorgt.

Im Auslande sind mancherorten ähnliche Einrichtungen getroffen worden, teils generelle für alle in den betreffenden Häfen verkehrenden Seeleute, teils speciell deutsche für unsere Mannschaften. In England besteht seit 1884 die Deutsche evangelische Seemannsmission. Der Zweck ist laut § 2 des Statuts, die deutschen Seeleute in den britischen Häfen vor den ihnen drohenden Gefahren möglichst zu schützen und für ihr geistliches und leibliches Wohl in geeigneter Weise zu sorgen. Ihr Jahresbudget, dessen Einnahmen nur aus Gaben bestehen, bezifferte sich 1898/99 auf 810 Pfd. Sterl. Außerdem hatten fünf Stationen (Sunderland, Tyne-Distrikt, Tees-Distrikt, Humber-Distrikt, London Seemission und Seemannsheim) besondere Budgets, deren Einnahmen sich 1. aus Beiträgen vom Generalkomitee, 2. aus besonderen Gaben und 3. aus Kostgeldern von Seeleuten zusammensetzten. Außer den genannten Stationen wurden noch solche am Firth of Forth und in Cardiff unterstützt. Diese englische Seemannsmission vertritt specifisch kirchliche Zwecke.

Es handelt sich je nach der Größe des Hafens um Schöpfungen von großem Umfang. So sind z. B. in Hamburg 1899 an Besatzung von 8450 Dampfern nicht weniger als 185 792 Personen angekommen. Darunter sind natürlich 1. viele Ausländer an Bord ausländischer Schiffe, 2. viele Hamburger, die ihre Häuslichkeit im Ankunftshafen haben. Sodann sind 3. viele Personen zehn-, zwanzigmal gezählt, ja die Besatzung der Seebaddampfer in der Badesaison täglich. Trotzdem verrät die hohe

Zahl, daß man es mit einem sehr bedeutenden Verkehr zu thun hat, der eine umfassende Fürsorge erfordert. Auch ist zu bedenken, daß die Besatzung der Flußschiffe hinzukommt.

Mit Bemühungen, den heimgekommenen und abgemusterten Seemann zu veranlassen, seinen Verdienst sofort ganz oder zum größten Teil einer Einzahlungsstelle zu übergeben, die ihn nach seinen Anordnungen verzinst, einer Sparkasse übergiebt, oder in die Heimat sendet, hat man Erfolge erzielt, die von den Umfragenden im einzelnen zu schildern sein werden. Einige Gesellschaften nehmen dem Seemann auch in dieser Beziehung jegliche Mühe ab, um ihn im Besitze des erworbenen Lohnes zu erhalten und vor den Gefahren des Ankunftstages zu behüten.

Ältere Zwangskassen für Seeleute gab es verschiedenerwärts z. B. in Bremen seit 1854; hier beruhte sie wesentlich auf Beiträgen der Seeleute und geringen Zuschüssen der Reeder. Sie zahlte Ersatz für verlorene Effekten und gewährte für Erwerbsunfähigkeit wegen Alters oder Invalidität eine Rente, auch Hinterbliebene hatten Anspruch auf Rente. 1873 wurde (wenigstens in Bremen, wahrscheinlich wohl überall) die Seemannskasse geschlossen, weil die neue Reichs-Seemanns-Ordnung die Verhältnisse zwischen Reeder und Seeleuten umgestaltet hatte. Neue Mitlieder wurden nicht aufgenommen, die alten ihrer Beitragspflicht entbunden. Die Kasse wurde jedoch und wird noch heute weiter verwaltet zu Gunsten der bisherigen Mitglieder. Die Zinsen und das Kapital werden durch die Renten allmählich aufgezehrt.

Ein Unikum ist die seit der Mitte des 16. Jahrhunderts in Bremen bestehende Stiftung „Haus Seefahrt“ mit ihrer oft citierten Inschrift: „navigare necesse est, vivere non est necesse“. Sie erstreckt sich nur auf Kapitäne und Steuerleute und ist eine freie Kasse mit beträchtlichem Vermögen und althistorischen Einrichtungen.

Zwischen der Aufhebung der alten auf Zwang beruhenden Seemannskassen und der neuen Socialgesetzgebung mit der Kasse der Seeberufsgenossenschaft entstand in gesetzlicher Beziehung ein Vakuum. Die Seeleute waren in dieser Zeit rein auf die Selbsthilfe angewiesen, haben aber wohl (mit Ausnahme von Kapitänen und Steuerleuten) sehr selten durch freiwillige Versicherung Fürsorge für sich und ihre Hinterbliebenen getroffen. Dann fingen die großen Gesellschaften an, eigene Kassen zu bilden, denen alle in ihren Diensten stehenden Seeleute beitreten mußten und die von den Gesellschaften durch regelmäßige wie durch außerordentliche Zuwendungen dotiert wurden. Der Nordd. Lloyd z. B. hat drei Kassen: die im Jahre 1873 gestiftete Seemannskasse, die seitdem 1 538 957 Mark für Pensionen, 576 132 Mk. für Krankenunterstützungen und

295 879 Mk. für eingebüßte Effekten ausbezahlt hat. Die Gesellschaft selbst hat 556 771 Mk. Zuschüsse dazu geleistet. Die zweite Kasse ist 1894 für Witwen und Waisen der Mitglieder der ersten gegründet: ihre Auszahlungen seitdem betrugen 126 692 Mk., der Beitrag der Gesellschaft 120 000 Mk., das Vermögen 375 350 Mk. Endlich besteht als dritte Kasse die Elisabeth Wiegand-Stiftung mit einem Vermögen von 200 000 Mk. ohne Mitgliederbeiträge.

Dagegen hat die kleinere Reederei, namentlich die Segelschiffsreederei wohl die Seeleute ganz und gar der Selbsthilfe überlassen, bis dann die Zwangsversicherung der neuen Socialgesetzgebung kam.

In Bezug auf die Versicherung seiner Effekten ist der Seemann gesetzlich auf sich selbst angewiesen. Die größeren Reedereigesellschaften haben wohl die Versicherung in die Hand genommen. Sie vergüten dem Manne für Effektenverlust eine bestimmte Summe, seinem Range entsprechend und erheben dafür eine kleine Prämie. Um die Aufhebung der letzteren wird gekämpft.

Das Vereinswesen unserer Zeit hat auch auf dem Gebiet des Seewesens viele Schösse getrieben. Der älteste ist wohl der Deutsche nautische Verein, der nur der Technik des Seewesens (dem Straßenrecht, der Befeuerung und Betonnung der Küsten, Fragen wie der Staatsaufsicht über den Schiffsbau und der Tiefladelinie, den guten und schlechten Erfahrungen mit technischen Einrichtungen u. s. w. u. s. w.) gewidmet ist. Die im Lohnverhältnis stehenden Leute haben sich zu ihren Vereinen, Fachvereinen und dergleichen zusammengeschlossen und mit den Reedern gekämpft, die alsdann sich auch ihrerseits zu Vereinen zusammengeschlossen haben. Ein wissenschaftlicher und als solcher sehr hochstehender Verein ist die Deutsche Schiffsbautechnische Gesellschaft, die 1899 nach dem Muster der britischen Institution of naval architects gebildet ist und mit dieser bereits mehrere Gesellschaftsbesuche ausgetauscht hat. Die hervorragenden Leistungen dieser wissenschaftlichen Behandlung des Schiffsbaues sind auch in England freimütig, ja mit Neid anerkannt.

Schiffahrt, Reederei und Schiffsbau bilden einen hochentwickelten, wichtigen Ast an dem weitverzweigten Baum des Wirtschaftslebens unserer Zeit. Das deutsche Volk hat seit einem halben Jahrhundert viel wieder nachgeholt von dem, was es während der Zeit seiner politischen Lethargie gerade in Bezug auf die See versäumt hatte. Möge ihm nun auch Einsicht und Kraft beschieden sein, um alle für seine Bethätigung zur See maßgebenden Verhältnisse gesund zu gestalten und gesund zu erhalten!

Pierer'sche Hofbuchdruckerei Stephan Geibel & Co. in Altenburg.

Kolibri 360 GmbH
Ferdinand-Jühlke-Straße 7
99095 Erfurt, Deutschland
produktsicherheit@kolibri360.de

Druck:
CPI Druckdienstleistungen GmbH
im Auftrag der
Kolibri 360 GmbH
Ferdinand-Jühlke-Str. 7
99095 Erfurt